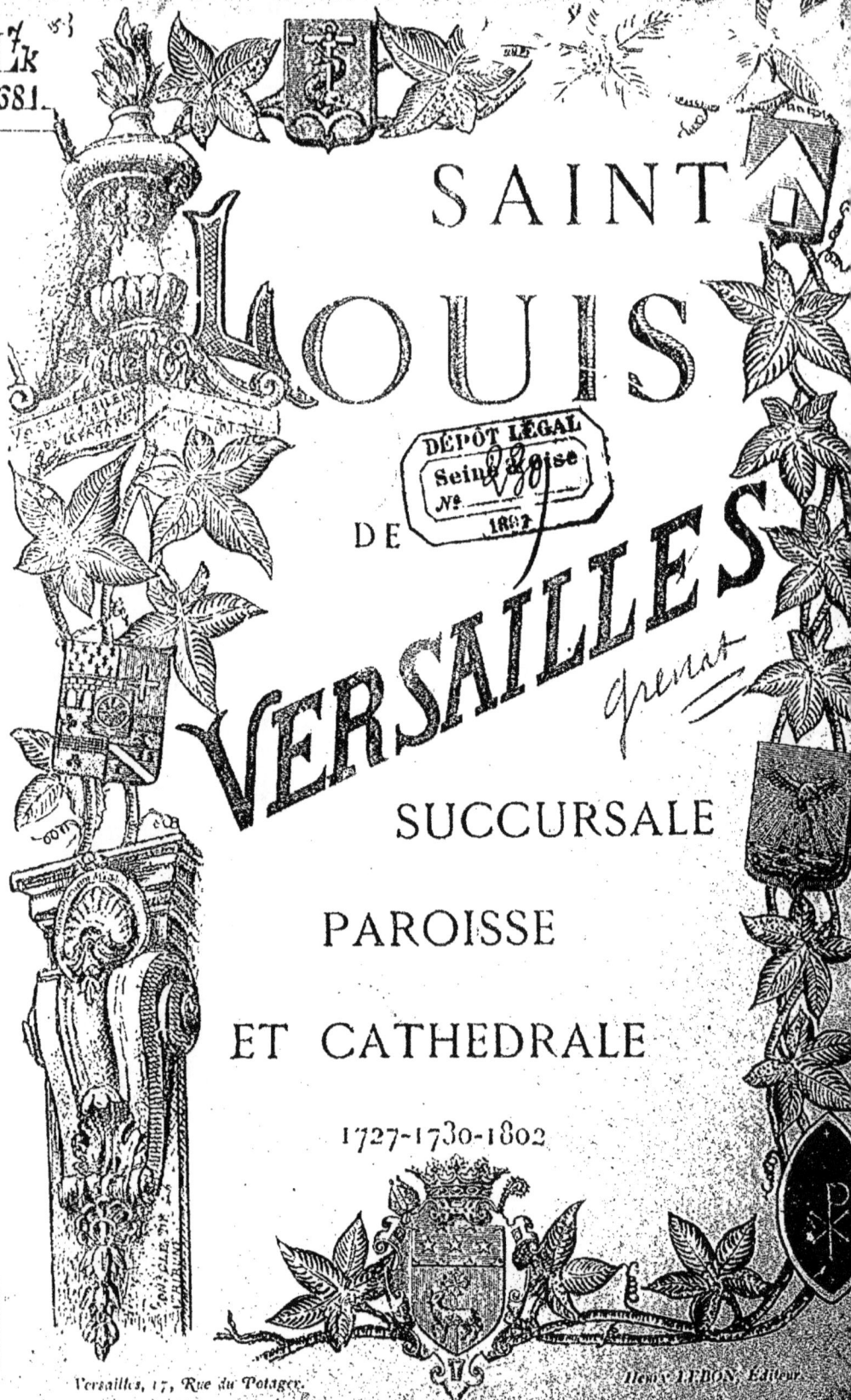

SAINT LOUIS DE VERSAILLES

grenat

SUCCURSALE

PAROISSE

ET CATHEDRALE

1727-1730-1802

Versailles, 17, Rue du Potager.

Henri LEBON, Éditeur

ÉGLISE

SAINT-LOUIS DE VERSAILLES

SUCCURSALE, PAROISSE ET CATHÉDRALE

ÉGLISE
SAINT-LOUIS

DE VERSAILLES

SUCCURSALE, PAROISSE & CATHÉDRALE

PAR

LE CHANOINE GALLET

ARCHIVISTE DIOCÉSAIN

VICE-PRÉSIDENT DE LA COMMISSION DÉPARTEMENTALE DES ANTIQUITÉS ET ARTS DE SEINE-ET-OISE

OFFICIER D'ACADÉMIE

VERSAILLES

HENRY LEBON, IMPRIMEUR-ÉDITEUR DE L'ÉVÊCHÉ

17, RUE DU POTAGER, 17

L'histoire de la ville de Versailles est écrite dans ses moindres détails, personne n'ignore comment la petite bourgade du XVIIᵉ siècle devint la ville importante que nous avons aujourd'hui. Quand Louis XIII acheta de Jean de Soisy, en 1627, l'emplacement où il fit construire son rendez-vous de chasse, le chétif Château, comme l'appelait Bassompierre, elle n'avait pour habitants que quelques familles disséminées dans le quartier que l'on appelle encore le Vieux-Versailles; l'église de la bourgade était celle de Saint-Julien dont la rue du même nom rappelle l'emplacement.

Nous n'avons plus cette petite église; elle a disparu dans les constructions gigantesques de Louis XIV quand il établit le Grand-Commun pour les divers services de son palais. Mais, dans ce quartier nouveau si merveilleusement augmenté, s'est élevée depuis un siècle et demi une église aujourd'hui cathédrale qui a son histoire particulière dans l'histoire générale de la ville ; c'est d'elle que nous voudrions parler.

Nous ne craindrons pas, pour atteindre notre but, de mettre à profit les éléments que nous fournissent les savants et consciencieux auteurs qui ont parlé de Versailles ; s'il est besoin, nous prendrons les rapports et les journaux du temps, puis, aux Archives de l'Évêché, nous ajouterons celles de la Préfecture, de la Mairie et de la Bibliothèque de la Ville, si gracieusement mises à notre disposition.

Dans ce tribut de reconnaissance, nous n'oublions pas M. l'Architecte Raguenet dont les savantes études sur les Édifices Historiques nous ont permis de reproduire, ou par nous-mêmes, ou par les moyens phototypiques, quelques-uns des détails du monument que nous voulons étudier. Le dessin nous offre ainsi le précieux avantage d'ajouter à notre description.

CARTOUCHE DE L'ORGUE

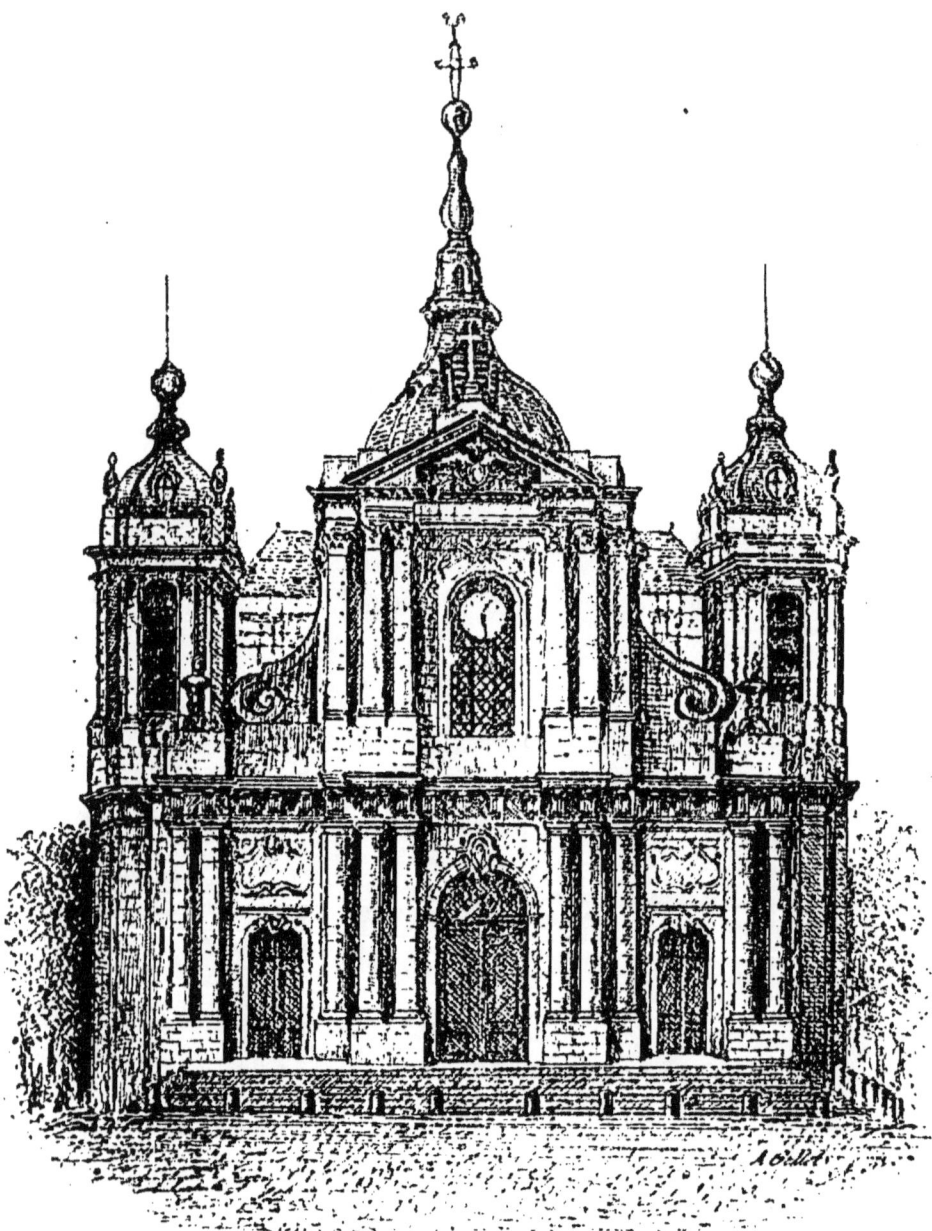

SAINT LOUIS DE VERSAILLES

ÉGLISE SAINT-LOUIS
DE VERSAILLES

❖❖

PREMIÈRE PARTIE

NOTICE HISTORIQUE

CHAPITRE PREMIER

Le Parc aux Cerfs et la succursale Saint-Louis (1727).

E terrain dans lequel est tracé le nouveau quartier de Versailles et où va s'élever l'église succursale se nommait le Parc aux Cerfs.

Quelle est donc l'origine de ce Parc, quel est son emplacement?

Louis XIII aimait passionnément la chasse. Les soucis de la royauté, les affaires administratives ne lui permettant pas toujours de chercher au loin ses distractions, il voulut avoir auprès de son habitation royale un enclos assez vaste pour s'y livrer à ses nobles plaisirs. Il choisit le terrain boisé qui descend des hauteurs de Satory, le fit entourer de murs, fit construire les maisons des veneurs et des gardes-forestiers. Dans les taillis, sous les arbres de haute futaie qu'il y fit ménager, les cerfs, les daims et autres fauves vécurent en liberté. Tel fut l'enclos qu'on nomma le *Parc aux Cerfs*.

Il comprenait un carré, borné à l'ouest par la rue Satory depuis sa jonction avec la rue de l'Orangerie, au sud par la rue du Rossignol et celle du Sud, autrefois des Mauvaises-Paroles, à l'est par la rue des Mauvais-Garçons ou de la Huchette, aujourd'hui Édouard-Charton, avec retour au nord par l'avenue de Sceaux et la rue de l'Orangerie jusqu'à l'angle de la rue Satóry.

Louis XIII mourut le 14 mai 1643. Louis XIV qui lui succéda ne fit de changement au Parc aux Cerfs que dans les dernières années de son règne. A ce moment le quartier du Vieux-Versailles dans lequel il avait réuni les Communs du château (1) s'était insensiblement rempli d'hôtels, les emplacements devenaient rares pour les seigneurs que l'étiquette et leur service à la Cour appelaient du fond de leurs provinces. Le grand roi dut songer à agrandir sa ville royale. Les trois artères qui convergeaient sur le palais (l'avenue de Paris, l'avenue de Saint-Cloud et l'avenue de Sceaux) indiquaient au sud l'emplacement d'un nouveau quartier qui serait le pendant du quartier Notre-Dame où, jusqu'à présent, s'était attaché tout l'intérêt du Roi.

Louis XIV choisit le Parc aux Cerfs, en fit abattre les murs, renverser les maisons des gardes et des veneurs qui revinrent habiter les bâtiments de la Vénerie dans l'emplacement actuel du Tribunal, traça largement le plan des rues. La rue Royale, parallèle à celle de Satory qui longeait le Potager, fut coupée à angle droit par la rue d'Anjou; à ce croisement le Roi indiqua les quatre parties du Marché-Neuf. D'autres rues toujours parallèles ou perpendiculaires furent divisées en différents lots que prirent à leur choix, avec grands avantages, les officiers du Roi et autres seigneurs de la Cour; certaines parties de bois réservées formèrent d'agréables jardins.

Mais le nouveau quartier ne se peuplait que lentement, il lui manquait, grâce aux convictions profondément religieuses de l'époque, un élément essentiel, il n'y avait point d'église. Louis XIV était mort le 1er septembre 1715; il avait dû détruire la vieille et petite église de Saint-Julien pour l'établissement du Grand-Commun, la chapelle de cette nouvelle dépendance du Palais était à peine suffisante pour son

---

(1) Au Grand-Commun étaient réunis les sept offices du Roi, le Gobelet, la Cuisine-bouche, la Panneterie, l'Échansonnerie, la Cuisine-Com...un, la Fruiterie et la Fourrière.

EMPLACEMENT DU PARC AUX CERFS

Tracé du quartier Saint-Louis par Louis XIV.

Louis XV fait construire une Chapelle (1727), et la Paroisse (1742-1754).

personnel composé de plus de deux mille personnes. Le quartier du Vieux-Versailles n'avait donc plus d'église, il lui fallait, comme pour les habitants du Parc aux Cerfs, recourir à l'église Notre-Dame, seule paroisse, trop éloignée pour les habitants de ce nouveau quartier.

Louis XV, quand il put revenir dans sa ville royale le 15 juin 1722 (c'était l'année même de son sacre), voulut y remédier. Tout d'abord, il fit construire une petite église au coin des rues d'Anjou et Satory, à l'endroit où se trouve aujourd'hui l'Évêché. Nous en avons tous les plans (Arch. de la Préfect.). C'était une croix latine de trente mètres de long, avec un seul bas-côté à l'ouest. Au sud il plaça le cimetière, car les cimetières étaient encore, à cette époque, rapprochés des églises, il formait l'angle de la rue Satory et de la rue des Bourdonnais. Voilà ce qui explique pourquoi dans les fouilles que l'on peut faire dans les terrains du couvent de la Sainte-Enfance on rencontre encore si souvent des ossements humains. Ce n'est qu'en 1769 que le cimetière sera transporté dans le bois Satory. La petite chapelle, car c'est ainsi que tout d'abord on la désigne, fut rapidement construite ; dès le premier avril 1727 on y disait la messe pour les inhumations. Nous le constatons par la teneur de l'Obituaire en tête duquel nous lisons :

« Le présent registre contenant cent feuillets a été par Nous
« François-Alexandre Tresson, conseiller du Roy, bailly juge ordi-
« naire civil et criminel et lieutenant général de police au baillage
« royal de Versailles, coté et paraphé en tous les feuillets pour servir
« au sieur Michel prestre de la Congrégation de la Mission, desservant
« la Chapelle S. Louis, succursale de l'Église royale et paroissiale
« de Versailles, à écrire jour par jour, sans aucuns blancs, les sépul-
« tures qui se feront dans l'étendue de la dite succursale à commencer
« du premier avril prochain, le présent registre pour servir au sieur
« Michel de minute à la charge par luy d'en remettre une grosse en
« notre greffe à la fin du registre, suivant l'ordonnance.

« Fait à Versailles, le trente-et-un mars 1727. »

L'année suivante on put y faire les baptèmes, et nous lisons au premier feuillet de ce nouveau registre :

« Le présent registre contenant 173 feuillets a été, par nous Fran-

« çois-Alexandre Tresson, conseiller du Roy, bailly juge ordinaire
« civil et criminel et lieutenant général de police au baillage royal de
« Versailles, coté et paraphé en tous les feuillets, pour servir au sieur
« Michel, prêtre de la Congrégation de la Mission, desservant l'Église
« Saint-Louis, succursale de la Paroisse royale de Versailles, à écrire
« jour par jour et sans aucun blanc, les baptêmes qui se feront dans
« l'étendue de ladite succursale à commencer du dix-septième May. Le
« présent registre pour servir audit sieur Michel, de minute, à la
« charge par luy d'en remettre une grosse en notre greffe à la fin dudit
« registre, suivant l'ordonnance. »

« Fait à Versailles, le dix-septième May 1728. »

Le registre fut étrenné le même jour par un baptême, et nous
faisons remarquer que, conformément à la teneur de l'autorisation, il
n'y eut aucun mariage jusqu'en 1730. C'est que la petite église n'était
que la succursale de Notre-Dame, et la paroisse-mère se réservait
toute juridiction sur ce point.

Deux ans après, Monseigneur de Vintimille, par son ordonnance
du 4 juin 1730, sépara la succursale de la paroisse Notre-Dame et
érigea ladite succursale en paroisse indépendante sous le nom de
Saint-Louis. Le procès-verbal est ainsi rédigé :

« L'an 1730, le cinq du mois de juin, à quatre heures de relevée,
« nous, André Bernard Constance de Forbin d'Oppède, aumônier du
« Roy, vicaire général de Monseigneur l'archevêque de Paris, nous
« sommes transportés en l'Église Saint-Louis, sise au Parc aux Cerfs,
« où, après avoir, dès neuf heures du matin, fait exposer le Très
« Saint-Sacrement de l'autel et fait sonner toutes les cloches pour
» assembler les fidèles, nous avons lu et promulgué dans la chaire
« de ladite Église, le décret de Mgr l'Archevêque, en date du
« jour d'hier, portant érection de l'Église Saint-Louis en paroisse
« libre et indépendante de celle de Notre-Dame et contenant sépara-
« tion des limites des deux Paroisses et autres réglements. Et ensuite
« donné la bénédiction du Très Saint-Sacrement de l'autel. En foy de
« quoi nous avons signé le présent acte tant sur les registres de ladite
« Église que sur la grosse dudit décret.

« Fait à Versailles en présence des témoins soussignés. » (Regist.
paroissial, p. 85.)

Suivent près de cinquante signatures ; les premières sont celles du vicaire général de Forbin d'Oppède, du duc de Noailles, etc.

Le Roi confirma cette érection par un édit daté de décembre 1731 ; les marguilliers et le curé de Notre-Dame donnèrent leur consentement le 8 mai 1734 pour l'enregistrement de l'édit royal, la nouvelle paroisse était donc, à partir de ce jour, fondée et acceptée sans conteste.

Dès lors, l'accroissement fut rapide et l'affluence fut telle que l'église à peine construite devint insuffisante.

Louis XV, dont on ne peut nier le sentiment religieux (d'ailleurs il n'était pas encore engagé dans ses désordres et ses folles amours), désirant que rien ne manquât pour le spirituel dans sa ville royale, voulut remédier à cette insuffisance. Il résolut de faire construire au sud une église qui serait le pendant de celle que Louis XIV avait fait construire au nord.

Il choisit pour architecte Jacques-Hardouin Mansard de Sagonne, petit-fils du célèbre Mansard, qui se mit immédiatement à l'œuvre.

D'après le plan que nous avons sous les yeux (il doit être de 1735 à 1740), deux projets furent mis à l'étude. Le premier trace au haut de la rue Royale, dans l'emplacement qu'occupe aujourd'hui Grand-Champ (1), une vaste et belle église qu'accostent à droite et à gauche des bâtiments d'habitation. Mais ce point n'est point central, et déjà les habitants du Parc aux Cerfs et ceux du Vieux-Versailles se sont accoutumés à l'emplacement de la petite église de la rue Satory.

Le second plan englobe en entier l'enclos qui est formé par la rue Satory, la rue d'Anjou, la rue Saint-Honoré et celle des Tournelles dans la partie qui rejoint la rue actuelle du Potager.

C'est ce dernier projet que Louis XV accepte, les fouilles commencent le 8 mai 1742, et l'année suivante, le 12 juin, il posait solennellement la première pierre ; le Dauphin âgé de quatorze ans, était à ses côtés. La Reine Marie Leczinska, Mesdames de France, toute la Cour

---

(1) La maison de Grand-Champ y fut construite en 1758 pour les PP. Jésuites qui n'y séjournèrent pas longtemps, puisque l'édit d'expulsion est du mois de novembre 1764. Depuis la Révolution elle est occupée par les Religieuses Augustines de la Congrégation de Notre-Dame, qui habitaient autrefois les bâtiments du Collège construits pour elles par Marie Leczinska.

assistaient à cette cérémonie que présidait Monseigneur Vintimille, archevêque de Paris.

Je n'entre pas dans les détails liturgiques de cette cérémonie, les histoires de Versailles n'ont sous ce rapport que traduit le Pontifical.

Voici comment il en est rendu compte aux registres de la paroisse :

Extrait du registre des baptêmes de l'église Saint-Louis.

« L'an dix sept cent quarante trois, le douze juin, le Roy a posé la « première pierre de la nouvelle église de Saint-Louis que sa piété et « sa libéralité l'ont engagé à nous faire bâtir pour subvenir à notre « pressant besoin et pour procurer à nos cérémonies, à nos offices, « toute la décence et la splendeur qu'exige le culte divin. Mgr l'Arche- « vêque de Paris a fait la bénédiction de la pierre, en présence de Sa « Majesté, de la Reine, de M. le Dauphin, de Mesdames de France, « assisté du clergé de notre paroisse, entouré d'un grand concours de « personnes de toutes-sortes d'état et de conditions. La boite aux « médailles renferme une en or, quatre d'argent sur lesquelles sont « représentés les principaux évènements du règne présent : le sacre « du Roy (25 oct. 1722), son mariage (5 sept. 1725), la naissance du « Dauphin (4 sept. 1729), la dernière paix conclue avec le feu empe- « reur (16 mai 1736), et le mariage de Madame avec don Philippe « (26 août 1739). »

Cette boîte est revêtue d'une plaque de cuivre portant cette inscrip- tion :

AD LAUDEM DEI VIRGINISQUE MARIÆ
LUDOVICUS DECIMUS QUINTUS
POSUIT HUNC PRIMARIUM LAPIDEM
BENEDICTO DECIMO QUARTO SUMMO PONTIFICE
ARCHIEPISCOPO CAROLO GASPARE GUILLELMO DE VINTIMILLE
DE COMITIBUS MASSILIÆ DE LUC BENEDICENTE

Et pour traduction :

A LA LOUANGE DE DIEU ET DE LA VIERGE MARIE
LOUIS XV
A POSÉ CETTE PREMIÈRE PIERRE,
SOUS LE PONTIFICAT DE BENOIT XIV
L'ARCHEVÊQUE CHARLES GASPARD GUILLAUME DE VINTIMILLE
DES COMTES DE MARSEILLE DE LUC EN A FAIT LA BÉNÉDICTION

Le tout est enveloppé d'une autre plaque de plomb et a été mis sous la première pierre qui fait la partie inférieure d'un pilier du sanctuaire du côté de l'évangile, à peu de distance de la place destinée au grand autel.

Après la cérémonie, le Roi voulut visiter la *maquette* du monument que Mansard avait fait élever, d'assez grande dimension, dans la Maison dite du *modèle*, rue des Tournelles, 8. Louis XV fit ses remarques, ordonna quelques changements et partit. Nous serions presque autorisés à croire qu'il ne s'intéressa plus qu'indirectement à la continuation de l'œuvre et qu'il mit en sa place, pour surveillance et commandement, le Dauphin qui l'avait assisté dans la pose de la première pierre. D'ailleurs, le marquis du Muy, directeur des Économats, restait juge et maître des modifications qu'il fallut faire pour l'achèvement des travaux, nous le verrons dans la suite.

D'où nous vient donc cette pensée d'attribuer au Dauphin une large part dans cette œuvre? C'est que, plus tard, quand la Restauration replaça sur le trône les enfants du Dauphin, on inscrivit chaque année sur les registres de la paroisse la mention suivante :

« Service funèbre pour le repos de l'âme de très haut, très puissant et très excellent prince Monseigneur Louis, Dauphin de France, *premier fondateur* et bienfaiteur de cette église, père de Sa Majesté Louis XVIII, notre auguste monarque, décédé à Fontainebleau, le 20 décembre 1765 (Registres de la Paroisse, 1822 et années suivantes.) (1).

La voix publique assignait donc au moins une place au Dauphin dans l'accomplissement de l'œuvre commencée par son père.

Parmi les changements, les additions que fit Louis XV au projet de Mansart, nous devons signaler la place qu'il réserva au-devant de l'église pour en dégager les abords et qu'il désigna sous le nom de place Saint-Louis. Sur l'ordre du Roi, c'est en 1743 que Mansart en

---

(1) Un service funèbre avait été fondé pour le Dauphin dans l'église Saint-Louis, nous lisons au registre : « 17 Octob. 1766. Reçu de Mme la Dauphine par les mains de Mgr le Comte de Noailles, son fondé de procuration, la somme de 6,000 liv. pour la fondation d'un service solennel le 20 déc. pour le repos de l'âme de Mgr le Dauphin. »

fit le tracé, fit disparaître la partie de la rue des Tournelles jusqu'à la rue Satory, mais il ne l'acheva pas dans sa partie décorative. Ce fut l'architecte Pluyette, contrôleur des bâtiments du Roi, qui y construisit, en 1766, la fontaine que nous y voyons aujourd'hui. Pour l'alimenter, il avait établi, dans un des carrés du marché Saint-Louis, un réservoir d'eau de Seine ; maintenant les eaux y viennent des hauteurs du Chesnay et leur limpidité a permis cette gracieuse épigraphe qui fait allusion au voisinage de l'église :

> Une eau plus vive ici près vous réclame :
> Son flot jaillit à la voix du pasteur
> Pour apaiser toutes les soifs du cœur
> Et laver les taches de l'âme.
>
> MONTALANT-BOUGLEUX.

La place Saint-Louis a près de cent quinze mètres de large.

Au point central, la municipalité de Versailles jugea convenable de placer en 1893 la statue de l'abbé de l'Épée. Ce bienfaiteur n'avait-il pas tous droits à des honneurs dans sa ville natale ? Sa statue de bronze inaugurée d'abord au centre du marché Saint-Louis, le 3 septembre 1843, fut déplacée plusieurs fois ; il nous semble qu'elle doit rester toujours à l'ombre du saint temple où elle se trouve aujourd'hui ; la reconnaissance ne permettra jamais qu'on rejette dans l'oubli celui qu'elle nous rappelle. Il est représenté debout ; d'une main il tient un crayon, de l'autre une tablette sur laquelle est écrit le mot *Dieu* en caractères ordinaires et en signes mimiques de l'alphabet des sourds-muets. Un bas-relief montre une femme gardant trois sourds-muets de différents âges ; au-dessous d'un portrait de l'abbé de l'Épée sont quelques caractères que les enfants cherchent à déchiffrer.

Comme légende sur le socle de granit :

L'ABBÉ DE L'ÉPÉE

PREMIER INSTITUTEUR DES SOURDS-MUETS

Né à Versailles

Le XXIV Novembre MDCCXII

La statue est entourée d'une grille ; les couronnes qui témoignent de la vénération et de la reconnaissance n'y font jamais défaut.

On connait et l'on aime à redire la vie de ce bienfaiteur.

Son père, architecte expert des bâtiments du Roi, lui fit donner une éducation brillante, espérant trouver en lui un successeur. Mais Charles-Michel rêvait l'état ecclésiastique; dans la lutte si vive du Jansénisme à cette époque, il demeura longtemps en balance, reçut pourtant les saints ordres, quand une vocation nouvelle se dessina tout à coup pour lui. Il entreprit avec ardeur et poursuivit avec une infatigable persistance la tâche ardue de trouver une langue qui put mettre les sourds-muets en communication avec la société. Désormais les déshérités de la parole auront leur saint Vincent de Paul, l'abbé de l'Épée leur consacre sa vie, son intelligence et son modeste patrimoine. Seul, livré à ses propres forces et sans que le gouvernement lui donne même le moindre appui moral, il fonde le premier établissement des sourds-muets.

Nul n'est prophète dans son pays, mais dans les Cours étrangères l'abbé de l'Épée trouve de chauds partisans. Catherine de Russie, Joseph II d'Autriche, veulent que de semblables maisons soient fondées dans leur royaume.

La mort du généreux bienfaiteur passa inaperçue (1789) et c'est quand les pauvres enfants sourds-muets furent privés de leur père, que l'Assemblée Constituante consentit à adopter et à doter cette magnifique institution, modèle des établissements de l'Europe et de l'Amérique.

PLACE S. LOUIS . FONTAINE.

CLEF D'ARC. SANCTUAIRE

CHAPITRE II.

La nouvelle église (1754).

ES travaux de l'église étaient poussés activement, et, onze ans après la pose de la première pierre, elle était achevée dans ses parties essentielles.

« Le 24 août, est-il dit au registre des baptêmes, veille de la fête patronale, on a béni la nouvelle Église et on y a fait l'Office pour la première fois et on l'y a toujours fait depuis. M. Rance, curé, l'a bénie. »

La Cour n'assista point à cette cérémonie; la Dauphine était accouchée la veille de son troisième fils (1). Cette circonstance et la mort trop récente du duc d'Aquitaine qui répandait encore une certaine tristesse ne permettaient pas à l'étiquette de la maison royale de se montrer au public.

_____

(1) Le duc de Bourgogne, né le 14 septembre 1751, mourut le 22 mars 1761. Le duc d'Aquitaine, second fils, né le 8 septembre 1753, meurt le 22 février 1754. Le duc de Berry (Louis XVI), naquit le 23 août 1754.

D'ailleurs, faut-il tout dire? Louis XV n'était plus le roi sage, vertueux, le Bien-Aimé, comme l'appela la France quand elle craignit de le perdre à Metz, en 1744. Un moment on put espérer un changement, une conversion, quand le couteau de Damiens (1) faillit lui ôter la vie, mais le Roi ne tint pas ses promesses et continua ses désordres. C'est à l'époque où nous sommes que la Pompadour régnait en maîtresse au grand scandale de tous, au profond chagrin de la reine Marie Leczinska et de ses vertueux enfants.

Écoutons ce que Louise de France écrivait à ce sujet, au jour anniversaire de l'attentat, à M. Soldini, qui en l'absence du confesseur du Roi, l'avait assisté en cette circonstance :

« 15 Janvier 1758.

« Je comptais, Monsieur l'abbé, vous écrire vendredi, mais je n'en
« eus pas le temps, ce dont je fus bien fâchée... Voilà donc l'année
« révolue sans aucun changement! L'eussiez vous cru, Monsieur
« l'abbé, lorsqu'on vous envoya chercher? Continuez vos prières et
« joignez-y aussi, je vous prie, celles de vos pénitents et pénitentes
« les plus fervents. Ne m'oubliez pas non plus dans les vôtres et
« soyez sûr de mes sentiments pour vous. » (Archives de l'Évêché.)

La pieuse princesse voyait toutes ses espérances déçues; elle aurait voulu, par ses prières et ses expiations volontaires, amener la conversion de son père. Elle ne réussissait pas, elle le dit à mots couverts, avec profond chagrin. Faut-il chercher ailleurs la cause déterminante de sa vocation religieuse et de l'abandon complet de sa personne royale à la règle sainte, mais si mortifiée du monastère du Carmel (2)?

Un an après la bénédiction de l'église, avait lieu le baptême de six cloches données par le Roi. Nous en lisons le procès-verbal au feuillet 76 des registres paroissiaux.

« L'an mil sept cent cinquante cinq, le lundy de la troisième

---

(1) Damiens tenta d'assassiner le Roi dans la cour du Palais le soir du 5 janvier 1757.

(2) Le monastère du Carmel, où se retira Louise de France, était à Saint-Denis. C'est à Versailles où Louise prit naissance que les pieuses filles de sainte Thérèse sont venues, le 21 décembre 1895, chercher le calme, la solitude qu'elles n'avaient plus ailleurs. Elles habitent aujourd'hui la rue Satory.

semaine de l'Avent, quinzième jour de décembre, six cloches données par le Roy ont été bén*ies* par nous soussigné Curé. Les dites cloches ont été nommées : la premièr*e* Louise, par le Roy et la Reine ; la seconde Joséphine, par le Roy et Madame la Dauphine ; la troisième Adélaïde, par le Roy et Madame ; la quatrième Louise Victoire, par Monsieur le Dauphin et Madame Victoire ; la cinquième Sophie Philippine, par M. le Dauphin et Madame Sophie ; la sixième Marie, par M. le Dauphin et Madame Louise. Le Roy et M. le Dauphin ont été représentés par Très haut et très puissant seigneur André Hercule de Ross.. duc de Fleury... La Reine, Madame la Dauphine et Mesdames de France par Très haute et très puissante Dame Marie Brulard duchesse de Luynes. »

Signé : le duc de Fleury ; Marie Brulard duchesse de Luynes ; Baret, curé.

Deux autres cloches furent fondues en 1760, baptisées le 9 octobre et réunies à cell** auxquelles le Roi, la Reine, le Dauphin et Mesdames de France avaient donné leur nom en 1755. Elles restèrent plus de trente ans dans les deux tours du portail, mais un jour la Révolution en eut besoin pour ses œuvres ; elles furent fondues à nouveau pour une destination moins pacifique. Une seule nous resta ; laquelle ? Nous le verrons plus tard.

Les gouvernants d'alors croyaient qu'une cloche était indispensable pour annoncer au peuple les incidents divers et donner l'alarme au besoin. Mais, à Versailles, le tambour était en permanence pour battre la générale, la cloche garda le silence dans son beffroy et ne sonna jamais le tocsin. Aussi quand les églises furent rendues au culte, ce fut grande joie d'entendre pendant une *demi-heure entière* résonner ce seul témoin de temps plus heureux (1).

Mais pourquoi donc anticiper sur ces évènements ?

Pendant que Michel Desprez, maître fondeur du Roi, donnait à Paris une dernière main aux cloches de Saint-Louis, des travaux

---

(1) Le sonneur était alors M. Folie, grand père du préposé actuel aux sonneries de la paroisse ; il affirmait, à quiconque voulait l'entendre, que de joie l'on dansait sur les places tant que la cloche fut en branle.

plus délicats s'exécutaient dans les divers ateliers de la ville royale pour l'ornementation et la richesse intérieure de l'église.

Lemoyne avait déjà sur l'autel de la chapelle Saint-Louis sa belle toile de 1727, faite pour la petite succursale; Collin de Vermont terminait, en 1755, sa *Présentation de la sainte Vierge au temple* pour la chapelle absidale ; Deshayes, Amédée Vanloo, Pierre, Restout, Hallé, Jeaurat exposaient au Salon de peinture de 1761 les sujets que nous expliquerons en leur temps. Boucher travaillait à son saint Pierre sur les eaux, qu'il nous donnera en 1764.

La pinceau et la plume s'associaient pour produire d'autres chefs-d'œuvres. Gilbert et Sourdan du Mesnil écrivaient leurs magnifiques canons d'autel, leurs ravissants épistoliers que Joras de Bertry et François Blondeau enluminaient richement de leurs camaïeux, leurs gouaches, leurs ors et leurs miniatures. Et pendant ce temps, quand il leur était possible de se soustraire aux exigences de l'étiquette, d'éviter la comédie, les dîners et les bals de la Cour, les princesses royales s'adonnaient avec joie aux différents travaux de l'aiguille, réclamant ainsi leur part dans la création de la paroisse et leurs droits à sa reconnaissance.

Nous voyons dans nos archives qu'elles se faisaient aider dans ces ouvrages, pour lesquels toutefois elles n'admettaient qu'à bon escient.

Quand l'église fut terminée, on abattit l'ancienne ainsi que la maison des Pères Lazaristes qui y attenait, et l'on construisit en 1760 le nouveau bâtiment d'habitation, aujourd'hui l'évêché. Quelques années plus tard on éleva de l'autre côté de l'église, sur les plans de l'architecte Trouard, un bâtiment destiné aux catéchismes. Il se compose de deux galeries séparées par une chapelle centrale dont la coupole, supportée par douze colonnes ioniques, est percée d'un *oculus*. Nous l'appelons chapelle de la Providence, nous aurons à l'étudier dans un autre chapitre.

Ce n'est qu'en 1764 que l'on exécuta les travaux de sculpture intérieure qui, d'ailleurs, ne furent jamais terminés; j'en donne pour preuves les dômes surbaissés des chapelles de la nef et les pierres d'attente de la chapelle absidale.

CHAPITRE III.

Les Pères de la Mission.

I rien ne manquait pour la grandeur et la beauté de l'œuvre matérielle, rien non plus ne manqua quant à l'administration spirituelle. L'église Saint-Louis fut confiée à la direction des prêtres de la Mission (1) que l'on voyait à l'œuvre et que l'on aimait à Notre-Dame et à la chapelle du Palais. Il y eut le curé en titre, douze prêtres, dont deux faisaient fonction de vicaires, deux clercs et quatre frères.

Tout d'abord, on leur assura des pensions alimentaires de 11,400 livres, à titre provisoire, accordées par le Roi sur son domaine de Versailles, c'est-à-dire sur les droits d'entrée. C'était en attendant qu'on négociât l'extinction et la suppression du titre de l'abbaye de la **Trinité de Tiron** au diocèse de Chartres pour en réunir les biens et tous droits en dépendant à la cure de Saint-Louis. Mais cette affaire traîna en longueur, ce n'est qu'en 1783 que parurent les lettres d'attache sur bulle qui autorisèrent l'official du diocèse de Chartres à procéder à cette conversion, et comme la jouissance des revenus était réservée à l'abbé de Vermont, titulaire de l'abbaye, les missionnaires n'en jouirent jamais ; la Révolution, qui destitua l'abbé, destitua aussi les Pères Lazaristes et tous les biens de Tiron firent retour à l'État.

---

(1) La Congrégation des prêtres de la Mission, fondée en 1625 par saint Vincent de Paul, avait pris le nom de Lazaristes de leur établissement dans une maison de l'ordre militaire de saint Lazare ; ils s'occupaient alors de l'administration paroissiale, des missions au dedans et au dehors du royaume. A part la direction des paroisses leur vocation reste la même et s'exerce toujours dans les missions et l'enseignement religieux.

Nous donnons en note les lettres royales dont il s'agit (1), en voici les clauses principales.

Les revenus de Tiron qui atteignaient la somme de 22,000 livres ne pouvaient manquer de créer pour les Lazaristes des charges oné·reuses.

1° Seront tenus, lesdits curé et communauté, des réparations et entretien de la maison presbytérale qu'ils occupent et dont le feu Roy a fait don à la dite Congrégation par les Lettres-patentes du mois de Décembre mil sept cent trente et un, homologuées au Parlement le vingt-deux May mil sept cent trente quatre ;

2° Seront tenus, lesdits curé et communauté, de payer annuelle·lement sur les biens et revenus de l'abbaye de Tiron, la somme de six mille livres, savoir : cinq mille qui seront versées dans le coffre de la fabrique pour les réparations, l'entretien et les décorations de l'Église royale de Saint-Louis de Versailles; six cents livres pour contribuer au culte du Très Saint-Sacrement dans la dite Église et quatre cents

_____

(1) Lettres d'attache sur bulle, qui autorisent l'Official du diocèse de Chartres à procéder à la suppression du titre de l'abbaye de Tiron et à l'union des biens de la Mense abbatiale à la Cure S. Louis de Versailles.

Données à Versailles le 16 mars 1783.
Registrées au Parlement le 14 avril 1783.

Louis, par la grâce de Dieu, roi de France et de Navarre: A nos amés et féaux Conseillers les Gens tenants notre Cour de Parlement à Paris; Salut. Nous avons par Brevet du 2 avril 1782 autorisé notre cher et bien aimé le Curé de la Paroisse de St Louis de Versailles à recourir à Rome et à notre Saint Père le Pape, pour parvenir à l'Extinction et Suppression du titre de l'Abbaye de Tiron, Ordre de St Benoît, Congrégation de Saint Maur, Diocèse de Chartres et à l'Union des biens de la Mense abbatiale de la dite Abbaye à la dite Cure de S. Louis de Versailles. Par Bulle du 10 février dernier, notre Saint Père le Pape a autorisé l'Official du dit Diocèse de Chartres à procéder aux-dites Extinction et Union ; mais comme elle ne peut être exécutée sans notre permission expresse, Nous nous sommes portés à la revêtir de nos Lettres d'attache. *A ces causes* Nous vous mandons et ordonnons, par ces présentes signées de notre main, que, notre Procureur Général appelé, s'il vous appert que dans la dite Bulle, ci-attachée sous le contre-scel de notre Chancellerie, il n'y ait rien de contraire aux saints Décrets et Concordats passés entre le Saint Siège et notre Royaume, ni de déro·geant à nos droits, aux franchises et libertés de l'Église Gallicane, vous ayez en ce cas à l'enregistrer avec ces présentes, et son contenu faire exécuter selon sa forme et teneur, cessant et faisant cesser tous troubles et empêchements contraires : Car tel est notre plaisir. Donné à Versailles le seizième jour du mois de Mars de l'an de grâce 1783 et de notre règne la neuvième.

Louis, et plus bas, AMELOT, et scellées du grand sceau de cire jaune.

livres pour être distribuées aux quatre plus anciens enfants de chœur, attachés au service de la dite Église et qui s'en seront rendus les plus dignes au jugement du dit sieur Curé de Saint-Louis, du Préfet de Chœur et du Maître des enfants de Chœur (1).

3° Le Curé et les Prêtres de la Mission desservant la dite Paroisse exerceront gratuitement comme par le passé les fonctions pastorales et ne pourront exiger aucune rétribution ni casuel des paroissiens de Saint-Louis.

M. Rance fut le premier curé de notre église, qu'il avait bénite le 24 août 1754; il mourut à la fin de la même année. Nous ne connaissons rien d'intéressant dans son administration. Il avait été nommé en 1741 curé de la petite église de la rue Satory.

M. Baret, qui lui succéda, resta vingt-trois ans à la tête de cette paroisse. Il eut tout à organiser pour le matériel et pour le spirituel. Comme curé royal il eut le privilège de son titre : il pouvait assister au *lever du Roi*. Qu'était le lever du Roi? sinon une audience familière donnée par Sa Majesté au saut du lit. C'était peut-être un bon moment pour obtenir des faveurs, mais quelle servitude pour qui n'est point courtisan! A quelle heure donc se levait le roi? Si nous en croyons les lettres que nous avons sous les yeux, rien n'était plus irrégulier, plus fantaisiste.

Le Grand-Aumônier de France, cardinal de La Roche-Aymon, qui devait s'y connaître en semblable matière, écrivait au confesseur de la Dauphine :

« Je donnerai très volontiers demain à dîner à M. le Curé de S. Laurent et avec encore plus de plaisir si vous voulez y venir avec lui. L'heure du *lever du Roy* sera celle où il me trouvera chez moi, mais j'ignore quand elle sera. Vous savez que Sa Majesté ne donne l'ordre qu'à son coucher et que l'heure du lever est marquée d'abord. Vous pouvez y envoyer et vous régler là-dessus.

« Bonsoir, mon cher abbé. »

Or, d'après une autre lettre du duc de la Vauguyon, le prince

---

(1) Il y avait vingt-quatre enfants de chœur, dont douze portaient la soutane violette; chaque année, les deux plus anciens ayant servi six ans étaient placés en apprentissage aux frais de la fabrique.

restait tous les jours au salon jusqu'à deux heures du matin (!) A quelle heure fallait-il aller lire au Tableau *quand se lèverait Sa Majesté?*

Malgré ces difficultés et une aventure qui fit assez de bruit, à cause surtout des écrivains étrangers qui l'ont rapportée, M. Baret eut assez de tact et de zèle pour profiter du privilège et faire beaucoup de bien. Nous ne craignons pas de rapporter ce fait auquel nous faisons allusion; nous le trouvons dans tant d'auteurs que nous pouvons bien le citer à notre tour. — Un matin, à son lever, Louis XV, apercevant le curé Baret, vient à lui, et avec ce ton de bonté qu'il a toujours conservé, s'informe de l'état des ouailles du pasteur. Il demande s'il a beaucoup de malades, de morts, de pauvres. A cette dernière question, le Curé pousse un grand soupir, répond qu'il en a beaucoup. — Mais, réplique le roi avec intérêt, les aumônes ne sont-elles pas abondantes? n'y suffisent-elles pas? le nombre des malheureux est-il augmenté? — Ah! oui, Sire. — Comment cela se fait-il? s'écrie le monarque; d'où viennent-ils? — Sire, c'est qu'il y a jusqu'à des valets de pied de votre maison qui me demandent la charité. — Je le crois bien, on ne les paye pas, dit le roi avec humeur. Il fit une pirouette et rompit la conversation.

C'est du temps de M. Baret que le cimetière de la rue Satory fut transféré où il se trouve aujourd'hui. Le quartier Saint-Louis s'était peuplé rapidement; même des constructions nouvelles s'établissaient proche du cimetière, dans cet espoir qu'une translation était imminente. Le Parlement de Paris avait en effet ordonné, par arrêt de l'an 1765, que pour cause de salubrité publique il ne serait plus permis d'inhumer dans les villes, mais que les cimetières seraient à l'avenir en dehors des barrières. Les personnes intéressées à cette translation firent grand bruit à Versailles; dans un premier rapport elles alléguèrent « le peu d'étendue du cimetière Satory, le sol humide qui ne permettait pas d'y creuser suffisamment les fosses, et par conséquent tous les inconvénients qui peuvent en résulter. Mais, d'un autre côté, il y avait les convictions profondes des personnes religieuses qui veulent que leurs morts dorment en paix à l'ombre sacrée de l'Eglise.

Dans cette lutte, l'Administration supérieure apportait bien des lenteurs, et, pour ménager chacun, ne terminait rien, quand parut un second mémoire du sieur Pacou sur le cimetière de la paroisse Saint-Louis de Versailles. « La terre de nos cimetières, dit-il, est engraissée et pour ainsi dire rassasiée de tant de funérailles qu'elle se trouve dénuée de sel propre à accélérer la consommation des corps qu'on y dépose. » — « Ce n'est que depuis environ 1200 ans que l'on a commencé à inhumer dans les villes et dans les Eglises indistinctement. »

Cette peinture assez exagérée, ces réflexions philosophiques qui sont bien du goût anti-religieux de l'époque, eurent gain de cause, surtout quand le Mémoire adressé au grand philosophe du jour, Voltaire, revint à l'auteur apostillé de la lettre suivante, et dont bien vite le sieur Pacou donna partout connaissance :

Au Château de Ferney, ce 3 oct. 1768.

Votre Mémoire, Monsieur, en faveur des morts qui sont très mal à leur aise, et des vivants qui sont empestés, est assurément la cause du genre humain, et il n'y a que les ennemis des vivants et des morts qui puissent s'opposer à votre requête. Je l'ai fait lire à M. Hennin, résidant à Genève; il est frère de M. le Procureur du Roi à Versailles : les deux frères pensent comme vous. M. le Chancelier a fait rendre un arrêt du Parlement contre les morts qui appauantissent les villes ; ainsi je crois qu'ils perdront leur procès. J'attends avec impatience un édit qui me permettra d'être enterré en plein air, c'est une des choses pour lesquelles i'ai le plus de goût : tant de choses se font contre notre gré *à notre naissance* et *pendant notre vie*, qu'il serait bien consolant de pouvoir au moins être enterré à son plaisir.

Je suis, en attendant, avec toute l'estime que vous m'avez inspirée de mon vivant, etc.

VOLTAIRE.

(Archives de la Bibliothèq.)

Le Conseil rendit enfin un arrêt en faveur de la translation, 24 fév. 1769. Mais pour éviter à la paroisse Saint-Louis de nouvelles dépenses, le Roi lui fit don de cent quatre-vingts perches de terrain dans le bois Satory à l'effet d'y établir un nouveau cimetière, et laissa la jouissance de l'ancien aux Missionnaires.

Dans l'inventaire des biens qui fut fait en 1789, nous trouvons que cette jouissance leur est fort onéreuse, puisqu'ils dépensent annuellement près de douze cents livres pour les exhumations et le transport des ossements que renferme le terrain. Aussi cette jouissance n'est-elle comptée que pour mémoire. La déci ti Roi pour ces transports est *in extenso* au Registre de Fabriq .

Le 19 avril 1774 avait eu lieu dans notre Église la première réunion du Chapitre des Ordres royaux militaires et hospitaliers de N.-D. du Carmel et de S. Lazare de Jérusalem. Le comte de Provence, grand maître de ces Ordres, présidait l'Assemblée.

La même année, le 10 mai, mourait Louis XV, à l'âge de soixante-quatre ans, après un règne de près de soixante. Le Conseil de Fabrique de Saint-Louis jugea convenable de montrer sa reconnaissance pour le Roy défunt ; voici l'acte de délibération à ce sujet :

« Le treize avril mil sept cent soixante-dix-sept, le Conseil met en délibération d'établir à p.pétuité dans l'Église Royale de S. Louis un service solennel au jour anniversaire de la mort de Louis XV son auguste fondateur pour le repos de l'âme de ce prince. Toute la Compagnie pénétrée de la plus vive reconnaissance et comme représentant toute la paroisse, s'est empressée de statuer d'une voix unanime que le dix May de chaque année ou le jour le plus convenable et le plus proche de cette époque, il sera célébré un service solennel pour le repos de l'âme de feu Louis XV de glorieuse mémoire, fondateur de l'Église, et qu'on y mettra *aux dépens de la Fabrique* toute la pompe convenable. »

Nous trouvons au bas de cet acte la signature de Jacob, troisième Curé de S. Louis. M. Baret, à cause de son âge et de ses infirmités, avait donné sa démission le 15 janvier 1777 ; le même jour Messire Aphrodise-André Jacob fut mis en possession par M. l'abbé Demalaret, archidiacre de Josas.

L'enregistrement eut lieu dans l'assemblée générale du 27 janvier de la même année.

---

(1) Quelques pierres tumulaires plus ou moins bien conservées sont restées sur le terrain ; nous lisons sur l'une : Icy repose le corps de défunt Nicolas Nativelle, en son vivant couvreur ordinaire des bâtiments du Roy, premier marguillier de cette paroisse, qui trépassa le 30 septembre 1731.

M. Baret mourut le 15 janvier 1778, un an jour pour jour après qu'il eût donné sa démission ; son corps fut déposé dans le caveau du chœur de la Cathédrale, « en conséquence des ordres *verballes* que le Roy a donné à M. Jacob, curé de cette paroisse ».

Deux ans avant, le Conseil de Fabrique avait autorisé le sieur Verdier, marguillier en charge, « de faire faire par tel peintre qu'il jugerait convenable, le portrait de M. Baret, curé de cette paroisse, avec un cadre doré de pareille grandeur à célui de M. Allard, curé de N.-D. » Ce portrait est conservé dans les attiques du Midi, au Palais de Versailles, sous le n° 4482. — M. Baret est représenté assis ; il tient une plume de la main droite, et un livre de la gauche ; il porte une étole ornée de fleurs de lys et d'un chiffre composé des lettres S. L. Près de lui, les registres des baptêmes, mariages et sépultures de l'année 1776. Ce tableau est signé : Coqueret fecit 1776. H. 1ᵐ28 L. 0ᵐ96.

Nous donnons ici son acte de décès, tel qu'il est dans nos registres : L'an 1778, le 16 janvier, Messire Baret, curé de cette paroisse et Supérieur des Prêtres de la Congrégation de la Mission de ladite paroisse, décédé hier à l'âge de 74 ans, a été inhumé dans le caveau du chœur de l'Eglise par nous soussigné Antoine Jacquier supérieur général de la Congrégation de la Mission en présence de M. Aphrodise André Jacob curé actuel de cette paroisse, de M. Honoré Nicolas de Broquevielle, curé de la paroisse N.-D. de cette ville, de M. Charles Guillaume Sainnet curé de la paroisse de Montreuil près cette ville, etc.

M. Aphrodise Jacob conserva la direction de la paroisse jusqu'au 11 juillet 1785, époque à laquelle il cèdera son titre et ses pouvoirs à Jean-André-Marie Jacob, son frère. La similitude de nom, et presque de signature pourrait causer certaine confusion dans la gestion des deux frères, mais les procès-verbaux éloignent tout doute à ce sujet.

Nous lisons au Registre des Paroisses en date du 17 juillet 1785 : « Il a été arrêté qu'il sera convoqué une assemblée générale fixée à jeudi prochain 20 courant, pour enregistrer la nomination de Messire Jean André Marie Jacob à la cure de cette paroisse, à la place de Mⁿᵉ Jacob son frère, et la possession qu'il en a prise le onze de ce mois. »

Rien de bien intéressant dans les huit années de l'administration d'Aphrodise. Nous sommes alors au commencement du règne de Louis XVI; c'est tout d'abord un règne de paix. Il n'y a de fêtes que celles de la famille royale auxquelles l'Église s'associe volontiers.

Nous lisons entre autres décisions de Fabrique : « Un mandement de l'Archevêque de Paris ordonnant qu'une Messe solennelle et un *Te Deum* soient chantés pour l'heureux accouchement de la Reine et la naissance du Dauphin, le Conseil de Fabrique a autorisé le marguillier en charge à faire illuminer en terrines et lampions le dehors extérieur du portail de la Paroisse, un feu de bûches et fagots devant le portail de l'église et à faire tirer soixante boites, etc. 25 oct. 1781.

Nous trouvons aussi quelquefois des modifications à certains usages qui sont sans importance. En cours de visite, l'Archevêque de Paris ordonne un nouveau tracé pour les processions des Rogations : « La procession qui se faisait le mardi à la Paroisse de Viroflay sera supprimée. Le lundi on ira processionnellement à Montreuil, le mardi à l'Eglise des Religieuses de la Congrégation et le mercredi à Notre-Dame. »

A Versailles, le six may 1784.

ANT. arch. de Paris.

Par Monseigneur :

GERVAIS.

La création récente à cette époque de la nouvelle église de Montreuil (1) et de la chapelle des Ursulines (2) explique ce changement.

Ces détails sont de bien mince valeur; mais, heureux sont les peuples dont l'histoire n'est pas intéressante! Nous ne le dirons pas longtemps.

---

(1) Le nouveau Montreuil était de date récente. La lettre que nous avons de la Dauphine à ce sujet (1766) et la délibération du Conseil de Fabrique de la vieille église (11 janv. 1767) nous montrent bien que les travaux de l'église Saint-Symphorien ne purent commencer que dans l'hiver 1767 à 1768.

(2) Les Religieuses Ursulines, chanoinesses régulières de Saint-Augustin, n'étaient dans leur magnifique monastère, aujourd'hui le Lycée, que depuis le 30 septembre 1772.

CHAPITRE IV

Révolution Française.

A gestion d'André Jacob à Saint-Louis, celle de Aphrodise Jacob dans sa nouvelle cure de Notre-Dame, vont devenir plus laborieuses et plus pénibles. Cinq ans à peine, et ils auront devant eux la spoliation, le schisme, l'exil ou la mort.

Il y a dans l'air quelque chose d'une révolution prochaine, et les grands événements qui se préparent ne la conjureront pas. Un appel au peuple tout de conciliation provoque la réunion des Etats généraux. Rien de plus solennel, disent les auteurs du temps, que cette réunion plénière du 4 mai 1789 dans l'église royale de Saint-Louis. On voulait inaugurer par une messe solennelle, sous la présidence du Roi, une assemblée d'où, chacun expliquant ses droits et discutant les cahiers des communes, il résulterait paix et concorde.

Six semaines après, il y avait déjà mésintelligence entre les députés et le Roi. Les Etats généraux avaient été convoqués pour le 22 juin dans la salle du Jeu-de-Paume. Pendant la nuit, le Roi donna contre-ordre et remit la réunion au 23. Nous donnons quelques extraits du *Moniteur* pour ce qui nous concerne; les députés trouvant fermée la porte du Jeu-de-Paume se réunirent une fois encore à Saint-Louis.

« Séance du 22 juin 1789 dans l'Eglise S. Louis de Versailles.

Des hérauts d'armes ont proclamé aujourdhui à huit heures du matin, le renvoi de la séance royale à demain 23.

L'entrée de la salle nationale étant toujours interdite par les gardes, les membres de l'Assemblée se sont réunis d'abord aux Récollets, ensuite à l'Eglise S. Louis qui offrait un emplacement plus vaste et plus commode.

L'assemblée avait été formée vers les onze heures dans la nef. M. Bailly a dit qu'un hérault d'armes lui avait apporté à deux heures après minuit une lettre du roi, écrite de la main de Sa Majesté et conçue en ces termes :

« Je vous préviens, Monsieur, que la séance que j'avais indiquée
« pour lundi n'aura lieu que mardi à dix heures du matin, et que la
« salle ne sera ouverte que pour ce moment.

« Louis. »

Malgré le roi, la séance eut lieu le lundi dans l'église Saint-Louis; nous en lisons au *Moniteur* tous les incidents. Cent quarante-neuf membres du clergé s'étaient associés aux députés des communes ; on espérait que de cette union résulterait le bien dont le désir était certainement dans tous les cœurs.

Toutes ces discussions étant d'ordre général et politique, nous les omettons pour ne songer qu'à ce qui regarde notre église. La constatation la plus nette des débats fut celle d'un déficit énorme dans les finances. On fit un appel à la nation, aux églises, aux communautés religieuses. Comme toutes les Fabriques du Royaume, celle de Saint-Louis dut envoyer à la Monnaie une partie de cette vaisselle d'argent qu'elle tenait de la libéralité de la famille royale. L'assemblée générale de la Fabrique, du 11 novembre 1789, décida que conformément au décret de l'Assemblée nationale il serait envoyé : deux paires de burettes et leurs bassins, quatre encensoirs et leurs navettes, deux bénitiers et goupillons, une aiguière de vermeil avec sa cuvette, deux flambeaux et deux instruments de paix. Une lampe d'argent réservée tout d'abord fut également envoyée à la fonte, et le trésorier reçut en échange un bordereau du Trésor royal de la somme de onze mille six cent cinquante livres cinq sols. Les assignats, dont l'émission était annoncée, ne devant pas tarder à paraître, le trésorier fut autorisé à négocier, à perte, ce qui lui fut donné en paiement, pour la solde de tous les fonctionnaires de l'Eglise.

En se dépouillant ainsi, on pouvait espérer qu'il ne serait porté aucune autre atteinte à la liberté de chacun, comme à celle des diverses associations qui subsistaient encore. Mais la Révolution est comme l'avalanche, elle ne s'arrête pas, et sous les plus fallacieux prétextes, elle poursuit nécessairement, jusqu'à destruction, l'œuvre qu'elle a commencée. On avait créé pour chaque département une assemblée électorale. Dans Seine-et-Oise, la séance d'ouverture se fit à Saint-

Louis le 17 mai 1790, on chanta la messe solennelle du Saint-Esprit, et M. Jacob, curé de la Paroisse, y fit un éloquent et très sage discours dont l'impression fut votée et arrêtée par ladite Assemblée. Nous le trouvons aux archives de la Bibliothèque de Versailles. (I L. j. 10.)

Encore quelques mois, et cette Assemblée électorale qui l'applaudit aujourd'hui lui donnera un successeur, de composition plus facile pour la désorganisation religieuse.

Les événements se précipitent.

Par décret du 12 juillet 1790, sur la Constitution civile du clergé, l'Assemblée Constituante avait décidé qu'il serait établi un évêque par département et en avait remis la nomination à l'assemblée générale des électeurs. Versailles fut désigné pour être le siège épiscopal de Seine-et-Oise. Les électeurs furent convoqués à Notre-Dame, et nous avons encore les lettres d'appel et les discours prononcés dans les séances préparatoires des 5 et 7 décembre 1790. (Voir aux Archives de la Biblioth.)

Le 8 décembre on vint aux voix; après deux tours de scrutin, Jean-Julien Avoine, originaire du Havre, curé de Gommecourt, réunit 330 suffrages, il en fallait 261 ; Massieu, curé de Cergy, en eut 177. Avoine fut en conséquence proclamé évêque de Seine-et-Oise. (Nous donnons aux Appendices le discours qu'il prononça dans cette circonstance.)

L'église Notre-Dame, choisie pour la tenue des séances, le fut aussi pour le siège épiscopal, Avoine en devenait l'évêque et *le curé*. Le Comité ecclésiastique de l'Assemblée nationale donna son avis en ces termes :

« L'évêque de Versailles étant nommé, et l'église Notre-Dame de cette ville étant désignée au moins dans l'opinion publique pour être la paroisse cathédrale, le Comité ecclésiastique pense qu'il serait convenable de ne point procéder à présent à la nomination d'un curé pour cette église. »

Au Comité ecclésiastique de l'Assemblée nationale :
Massieu, curé de Cergy, président.

13 fév. 1791.

Avoine, sacré à Paris par les évêques constitutionnels, s'installa donc comme premier évêque de Versailles le dimanche 3 avril 1791. Après la messe solennelle et le discours d'usage que nous avons encore, il fut conduit en grande pompe à Saint-Louis et à Saint-Symphorien, comme pour prendre possession de tout le diocèse. Nous le verrons maintenant exercer les fonctions épiscopales ; ses armes seront un défi ou un horrible mensonge, il adopte une croix sur laquelle est jetée une banderolle où se lisent les mots : Relig. Cathol. Apost. et Rom. Mais sa manière d'agir est toujours sans fermeté, sans courage ; il accepte par flatterie ou par peur tous les injustes empiètements du pouvoir ; allant, par exemple, jusqu'à répondre aux reproches du Directoire qui condamne les processions, les pèlerinages, que lui aussi les a toujours condamnés, car *cette dévotion des pieds* n'a jamais été de son goût.

(*Arch. de la Bibliothèque.*)

Après l'installation d'Avoine, et en réponse à la lettre de Massieu, le Directoire arrêtait, le 9 avril 1791 : 1° que l'église de la paroisse Notre-Dame serait en même temps la Cathédrale du département ; qu'en conséquence les bâtiments et jardins tenant à ladite église, occupés ci-devant par lesdits Missionnaires, seraient occupés à l'avenir par l'évêque, ses vicaires, ses séminaires, conformément au décret du 24 juillet dernier ;

2° Que le nouveau curé de Saint-Louis, aussitôt son installation, serait mis *provisoirement seulement*, et jusqu'à ce qu'il en ait été entièrement arrêté, en possession des bâtiments qui composent les logements occupés par le curé et les prêtres missionnaires ;

3° Que l'évêque du département recevrait 20,000 livres par année, et les curés de Saint-Louis et Saint-Symphorien, 4,000.

Ainsi, les biens ecclésiastiques avaient été mis à la disposition de la nation (13 octobre 1790), les communautés étaient dissoutes, les Lazaristes quittaient leurs paroisses de Versailles (le dernier acte du curé Jean-André Jacob est du 27 mars 1791), et le curé conventionnel Bassal, député à l'Assemblée nationale, signait sa première délibération le 23 avril de la même année. Mais, malgré toutes ses concessions, toutes ses flatteries au nouveau pouvoir, Bassal ne dirigera pas longtemps son église Saint-Louis, où il n'est qu'un intrus ; il disparaît à la fin de mars 1792.

La confiscation que méditait le gouvernement **ne** pouvait être complète qu'à l'aide d'un inventaire général fait avec la plus grande rigueur dans toutes les paroisses du royaume. Le 11 octobre 1792, les commissaires se présentèrent à Saint-Louis et constatèrent, par un écrit que nous retrouvons aux archives de la Préfecture, qu'outre les objets d'or et d'argent déjà envoyés à la Monnaie, il restait encore : deux soleils, trois ciboires, quatre calices, quatre encensoirs, deux navettes, plusieurs croix, cinq instruments de paix, des burettes et leurs plateaux, des aiguières, des bénitiers (Ne laissons pas sans la citer la réflexion suivante qui dénote de fort mauvaises intentions : on n'a pu vérifier la pesée de l'or, une partie étant soudée sur l'argent, *ce ne sera qu'en fondant que l'on pourra le faire)* ;

Deux épistolaires peints en miniature, couverts de velours cramoisi, garnis en argent doré, bordés d'une mosaïque, avec leurs glands des deux côtés, leurs charnières, pareillement en argent, renfermés dans leurs étuis ;

Un reliquaire de saint Louis en bois doré ;

Une croix de bois d'ébène garnie d'argent où est renfermé un morceau de la vraie Croix, canons d'autel de 1re classe, pendule en marqueterie Burgeot.

Tout fut inventorié jusqu'à : plus les débris de l'autel de la patrie en bois de sapin ;

Huit morceaux de toile noire aux armes de la ci-devant Dauphine, sept autres aux armes du ci-devant Roi, huit armoiries représentant les armes de défunt Louis XV et son épouse, dix-huit armoiries du défunt Dauphin, etc.

L'année suivante, tout était enlevé ; le Conseil général du département vota, le 3 frimaire an II, que : des soutanes et des tentures on ferait des guêtres pour les volontaires nationaux ; puis, six jours après, 9 frimaire, par suite d'une nouvelle délibération du Directoire et du Conseil général de Versailles, *les membres de la Société populaire de la Vertu sociale des sans-culottes* partirent de Versailles à Paris revêtus des ornements sacerdotaux ou portant les vases sacrés. La Convention leur fit les honneurs de la séance (!)

Il ne restait plus rien du culte catholique ; l'Église de France dut se cacher comme avait fait celle des Catacombes. Le dernier acte de baptême est, pour Saint-Louis, du 26 octobre 1792. Saint-Louis fut fermé au culte, ses tableaux envoyés au Musée central, ses cloches enlevées à leurs beffrois furent portées aux arsenaux de l'Etat, qui en firent des canons. Nous avons à ce sujet une lettre de protestation de l'évêque intrus Avoine, et nous la donnons volontiers ; il nous semble qu'il commençait à rougir du rôle que lui faisait jouer la Révolution :

Versailles, ce 11 mai 1793, l'an 2ᵉ de la R. F.

Citoyens magistrats du peuple,

En arrivant hier soir à Versailles d'où je dois partir après midi pour aller remplir les promesses que j'ai contractées envers plusieurs paroisses du district de Pontoise qui demandent depuis longtemps ma présence et les secours spirituels de mon ministère, j'ai appris que les ordres étaient donnés pour la descente des cloches qui se trouvent dans l'église cathédrale. Je n'ai point blâmé cette opération autorisée par les lois, et je l'ai moi-même autrefois approuvée dans l'assemblée de ma section, lorsque cette mesure y a été proposée. L'unique objet de cette lettre, citoyens magistrats, est de vous prier de laisser sub-sister, pour le service de l'église de Notre-Dame, la plus grosse des cloches qui s'y trouvent et une des moyennes. Je crois que cette condescendance de votre part contribuera beaucoup au maintien de cette paix intérieure que nous aimons tous, sans nuire au bien général de la patrie, à laquelle nous sommes également disposés à faire tous les sacrifices possibles.

J'ai l'honneur d'être dans les sentiments de la plus étroite frater-nité votre concitoyen,

† J.-J. Avoine, évêque du département de Seine-et-Oise.

Les citoyens maire et officiers municipaux de Versailles.

Avoine gagna presque sa cause, et c'est à lui peut-être que nous devons la conservation d'une des cloches données par le roi en 1755 (1).

_____

(1) Avoine ne survécut pas longtemps à cette démarche, il mourut la même année ; il nous semble que ce dût être dans le remords et la honte. Il avait alors

Saint-Louis, dépourvu de tout, cessa pour les révolutionnaires d'être une église ; on l'appela solennellement le Temple de l'Abondance, on lui en donna les attributs :

Un laboureur fut peint sur le frontispice de l'église. Au-dessus des portes latérales du grand portail, on plaça les deux inscriptions suivantes :

A gauche :

Justement honoré par notre République,
L'art de l'agriculture enfin va refleurir.
L'habitant des campagnes vient de reconquérir
Les droits anéantis sous un roi despotique.

A droite :

Les soins du laboureur actif et vigilant
D'une riche moisson comblent notre espérance;
C'est au sein du travail que naquit l'abondance,
Et de l'Être éternel c'est le plus beau présent.

En même temps que l'on fermait l'église, le bâtiment des Missionnaires et leur jardin étaient vendus comme propriétés nationales, et la chapelle de la Providence ou Charniers devint une halle aux grains.

Quelques fêtes républicaines eurent lieu dans le Temple de l'Abondance, mais elles ne méritent aucune mention.

---

auprès de lui ce commis à la municipalité qui était son secrétaire, son vicaire général, Loriot, qui vint déclarer son décès le 4 novembre 1793.

Nous lisons aux registres de la ville de Versailles :

Acte de décès de Jean-Julien Avoine.

Aujourd'hui, douze Brumaire, seconde année républicaine, à 10 heures du matin, se sont présentés à la maison commune, devant nous officier municipal soussigné, les citoyens Jean François Loriot, âgé de trente-neuf ans, commis à la municipalité, demeurant rue du Commerce n° 7, et Pierre Tisseron, âgé de trente-deux ans, propriétaire, demeurant rue du Commerce 7 (rue de la Paroisse), lesquels nous ont déclaré que Jean Julien Avoine, âgé de cinquante-trois ans, natif du Havre, département de la Seine Inférieure, évêque du département de Seine-et-Oise, est décédé le jour d'hier (3 nov. 1793), six heures du soir, dans le lieu de son domicile sis rue Beaurepaire n° 12.

Et de suite nous sommes assurés du décès en nous transportant dans le lieu où le dit Avoine est décédé.

Les déclarants ont signé avec nous, officier public.

LORIOT, TISSERON, PACOU.

Les excès ne durent pas. Insensiblement on vit comme une vague lueur qui présageait un jour moins orageux. La loi du 11 prairial an III (30 mai 1795) rendit le libre exercice aux ministres des différents cultes *qui en étaient en possession au premier jour de l'an II* de la République, après avoir préalablement obtenu un acte de la municipalité constatant leur soumission aux lois.

Les prêtres de Saint-Louis, nommés la plupart par Avoine, qui avaient tous prêté serment à la constitution civile, revinrent aussitôt dans leur paroisse et tentèrent, de bonne foi peut-être, un mode de conciliation.

L'évêque intrus Avoine était mort ; ils crurent convenable de lui donner un successeur. Mais ils étaient réduits à leurs propres forces, le gouvernement ne connaissait plus d'Église officielle constitutionnelle ou catholique ; ils agirent quand même, à l'instigation d'un prêtre, âgé déjà, qui rêvait l'honneur de l'épiscopat, je veux parler de Augustin-Jean-Charles Clément qui, après bien des péripéties, réussit à devenir évêque constitutionnel de Seine-et-Oise.

Il était né à Créteil le 8 septembre 1717, d'une famille janséniste, qui l'éleva dans ses principes ; cette éducation influa sur toute sa vie. Il devint prêtre, chanoine d'Auxerre et trésorier de la Cathédrale ; ses évêques ne partageant pas toujours ses manières de voir, il eut avec eux bien des difficultés ; mais comme il avait de la fortune, il s'en consola en faisant de nombreux voyages en Hollande, en Italie, en Espagne dont les récits sont toujours entachés de jansénisme. Nous le constatons dans le *Journal de mes voyages* et dans les Mémoires secrets sur la vie de M. Clément, évêque de Versailles, 1812, sans nom d'auteur. (Saillart, *Dict. des Anonymes*.) De semblables caractères tombent inévitablement dans le schisme. A la Révolution, il se retira dans une de ses propriétés, à Livry (1), y fut arrêté le 18 février 1794, retenu en prison dans le couvent des Bénédictins anglais jusqu'au 9 octobre, et ne dut son salut qu'à la chute

---

(1) Le 20 décembre 1790 Clément avait acheté la maison conventuelle de l'abbaye de Livry, son église, les cours, les jardins, etc., pour la somme de 55,500 livres. Il demeurait alors à Paris, rue d'Enfer, 164. En 1791, il vint habiter Livry où nous le trouvons désigné comme *ci-devant prêtre* dans un acte d'état-civil, an III.

de Robespierre. De retour à Livry, il s'entoura de prêtres constitutionnels, forma un *presbytère*, publia des mandements, convoqua même un synode qui s'ouvrit à Versailles le 18 janvier 1796 et tint quatre sessions. Comme président, Clément y fit plusieurs discours, écrivit au Pape une lettre de communion que nous avons encore, écrivit à tous les prêtres du diocèse la lettre synodale qui avertit les dissidents qu'ils ne *sont pas dans la voie du salut*, indique enfin une réunion générale dans l'église Saint-Louis pour l'élection d'un évêque.

En même temps, en son nom comme en celui des quelques prêtres qui s'étaient associés avec lui, il publiait les décisions de son fameux synode. Il envoyait aux curés cet écrit que nous avons aux Archives de Versailles et dont le titre est : *Actes du Synode tenu par les curés du diocèse de Seine-et-Oise, le siège vacant à Versailles, dans l'Église cathédrale Saint-Louis, le 18 janvier et jours suivants de J. C. 1796, et le 28 nivôse de l'an IV de la République française.*

Cet écrit eut l'honneur de soulever un orage. Le Directoire eut peur, trop peur à coup sûr. D'abord il ordonna la fermeture de l'église Saint-Louis et y fit mettre les scellés (20 février) (1); puis il fit un crime

(1) Voici en partie l'arrêté du Directoire :

Le Directoire exécutif,

Vu le rapport du Ministre de la police générale, sur un imprimé ayant pour titre : *Actes du Synode tenu par les Curés du diocèse de Seine-et-Oise*, etc.

Considérant que, dès les premières lignes de cet écrit, les auteurs et signataires insultent avec audace à la Révolution par les regrets qu'ils manifestent de l'ancien régime;.....

Que par un prétendu statut synodal, ils ont ouvert une correspondance officielle avec une puissance faisant partie de celles actuellement coalisées contre la République;

Qu'au mépris de l'article 204 de l'acte constitutionnel, ils ont établi un tribunal et déjà même exercé le pouvoir judiciaire par un prétendu jugement; que par un autre prétendu statut, ils se défendent d'admettre aux fonctions *dont ils se sont investis* ceux qui se sont engagés dans les liens du mariage;.....

Enfin, que la tranquillité publique est menacée par la convocation que les signataires desdits actes ont eu l'audace d'adresser au peuple du diocèse de Seine-et-Oise..... pour qu'ils se rendent en leur église cathédrale de Saint-Louis, le 25 février prochain, sous le prétexte de procéder à l'élection d'un évêque.....

Arrête ce qui suit :

ARTICLE PREMIER. — L'édifice de la ci-devant *église Saint-Louis*, à Versailles,

aux signataires du synode de certains règlements, entre autres d'exclure des fonctions du sacerdoce ceux qui se trouvaient engagés dans
les liens du mariage. On leur reprochait aussi d'avoir effacé du frontispice de la Cathédrale l'inscription qu'y avait mise l'autorité. En
conséquence, un arrêté du département ordonna de s'assurer de tous
les prêtres et de les conduire au chef-lieu ; sans distinction de constitutionnels ou autres, tous furent transportés à Versailles et mis en
prison. Mais les circonstances rappelant les esprits à plus de modéra-
tion, la plupart de ces ecclésiastiques purent, peu de temps après,
retourner dans leurs paroisses et y exercer publiquement leurs
fonctions.

Clément, lui, l'instigateur intéressé de ces troubles, avait été
d'abord condamné à une amende, puis cité en police correctionnelle
pour la tenue du synode qu'il présidait, et condamné aux arrêts
jusqu'à la fin de la procédure. Enfin, il subit un interrogatoire, et le
tribunal se déclarant incompétent, il fut mis en liberté le 17 avril 1796.

Cette espèce de persécution était pour lui un précieux avantage.
Il rentra la tête plus haute dans cette église de Saint-Louis dont il
s'était emparé, et comme il ne perdait pas de vue son projet d'épisco-

---

servant de lieu de rassemblement au soi-disant synode du diocèse de Seine-et-
Oise, sera fermé sur le champ.

ART. 2. — L'administration du département de Seine-et-Oise est chargé de
prendre les plus promptes mesures pour empêcher les rassemblements provoqués
par l'écrit imprimé : *Actes du Synode tenu par les curés de Seine-et-Oise.*

ART. 3. — Le Commissaire du pouvoir exécutif près le tribunal criminel du
département de Seine-et-Oise dénoncera à l'accusateur public près le même
tribunal les auteurs et signataires dudit écrit, comme coupables de contravention :
1° à l'article 7 de la loi du 3 nivôse an III sur l'exercice des cultes; 2° aux
articles 360 et 366 de l'acte constitutionnel pour être procédé à leur égard conformément aux dispositions des lois precitées.

Le Ministre de la police générale de la République est chargé de l'exécution
du présent arrêté.

> Pour expédition conforme :
> > Signé : LETOURNEUR, *président.*
> Par le Directoire exécutif :
> > Le Secrétaire général : LAGARDE.
> Certifié conforme :
> > *Le Ministre de la police générale de la République,*
> > MERLIN.

Le 4 ventôse an IV de la République française, une et indivisible.

pat, il adressa, le 4 octobre 1797, au nom du *presbytère*, une circulaire pour l'élection d'un évêque. Il ne demandait plus la réunion des curés dont le gouvernement pouvait prendre encore une fois ombrage, mais celle de simples délégués de paroisses. Les constitutionnels envoyèrent leurs suffrages, et on nomma ainsi, vaille que vaille, sur le suffrage de quelques rares délégués, qui soi-disant représentaient l'universalité, Augustin-Jean-Charles Clément, évêque de Versailles ; il fut sacré le 12 mars 1798, à Paris, par les évêques constitutionnels réunis en concile. Le fameux abbé Grégoire, qui lui avait toujours donné conseil et appui, prit la parole à son sacre.

Cependant, les prêtres qui n'avaient pas prêté le serment parce qu'ils le trouvaient sacrilège, revenaient insensiblement de l'exil ; en même temps les rétractations se faisaient nombreuses chez les assermentés ; Paris les enregistrait en masse, et Rouen (qui pour un motif particulier nous intéresse dans cette circonstance), voyait en une seule année près de six cents prêtres revenir à l'unité catholique ; ils suivaient en cela l'exemple de leur évêque constitutionnel Louis Charrier de la Roche, qui méritait ainsi par son repentir et sa rétractation sincère d'être un jour légitimement nommé par le Souverain Pontife au siège de l'évêché de Versailles.

Les prêtres non assermentés revenaient avec cette auréole que donne le souvenir d'une injuste persécution, aussi le peuple les appelait-il les *bons prêtres*. A Versailles, ils exerçaient leur saint ministère à Notre-Dame et les foules allaient à eux. Mais les fidèles de Saint-Louis, qui eux aussi voulaient les *bons prêtres*, demandèrent qu'il leur fût au moins permis de les avoir à certaines heures. Le département, indifférent à tous les cultes, crut trancher la difficulté en assignant différentes heures de semaine et de dimanche aux assermentés comme aux insoumis. Cette mesure ne contenta personne et fit un schisme complet : Notre-Dame resta aux catholiques, Clément et ses partisans restèrent à Saint-Louis.

Les actes du nouveau prélat répondirent à ses commencements ; le ridicule dont il se couvrit excita souvent les murmures et le mépris de ses meilleurs amis. Tantôt, en vertu de la *solidarité de l'épiscopat*, il formait le projet de nommer aux évêchés vacants dans son voisinage ; tantôt il mettait en pratique *dans son diocèse* un Sacramentaire en langue vulgaire ; un jour même il annonça de sa pleine autorité un jubilé solennel (1). Il écrivit aux prêtres *de son diocèse* pour leur faire part de son élévation au siège de Versailles et les convoquer à un synode. Les réponses furent en général fort intéressantes, mais peu agréables pour lui.

Clément eut pourtant des apologistes ; ses mœurs très rigides, son désir vrai ou apparent du bien et quelques-unes de ses démarches pour l'obtenir, sembleraient montrer qu'il n'agissait peut-être pas toujours par esprit de schisme et d'indépendance. Était-il sciemment dans l'erreur ? Nous ne le saurions dire. Il eut bien des déboires ; c'était inévitable, car ce n'est pas à plus de quatre-vingts ans qu'on débute impunément dans la carrière si pénible de l'épiscopat.

Nous voyons dans le *registre des délibérations* que, plusieurs fois convoqué par l'administration fabricienne, il refuse d'y assister, refuse aussi de sanctionner les décisions prises, quand surtout elles ont rapport au choix des ministres du culte, déclarant qu'il ne reconnaît qu'à l'évêque le droit de choisir ses coopérateurs.

Il dut voir sans beaucoup de regret les projets d'apaisement et le rétablissement du culte catholique ; la charge épiscopale pesait trop lourdement sur les épaules du vieillard intrus, quand il donna sa démission en 1801. Jaloux toutefois de son titre d'évêque, il protesta par écrit quand Mgr Charrier de la Roche, sans tenir aucun compte des deux intrus qui l'avaient précédé, signa ses mandements et lettres pastorales du titre de *premier* évêque de Versailles. Clément mourut à Paris le 13 mars 1804. On lui fit à Saint-Jacques-du-Haut-Pas des obsèques solennelles, et pour la dernière fois Grégoire prit encore la parole sur sa tombe.

Clément avait choisi pour le seconder, comme vicaire et président du Conseil d'administration, François-Louis Ponsignon, prêtre respectable, qui employa tout son zèle pour réparer les ruines morales et matérielles de notre Église. Dans le livre des délibérations qu'il emporta dans sa retraite quand il fut nommé curé de Meulan, mais que le hasard a fait retrouver, nous le voyons toujours proposer les plus sages moyens de rétablir la décence du culte et le bien des âmes.

---

(1) Picot. *Mémoires*, t. VIII.

Quand le Concordat vient mettre fin à cette lutte que personne ne désirait continuer, et qu'il est officiellement question de la nomination d'un évêque à Saint-Louis de Versailles, nous tr... ...ons au Registre la liste suivante du personnel ecclésiastique chargé de l'administration de la paroisse.

Ecclésiastiques admis ou conservés provisoirement.

Pollet, Jacques-Martin, curé provisoire. (Il mourut curé de Saint-Nom-la-Bretèche, le 7 avril 1808.)

Ponsignon, François-Louis, vicaire général et archidiacre du diocèse de Versailles, évêque élu et démissionnaire de Sens. (Mort curé de Meulan, le 13 septembre 1809, à 62 ans.)

Fauchier. — Arnoult. — Victor. — Vivien.

Boyer, Hugues, chanoine honoraire. (Mort le 9 septembre 1810.)

Mayer. — Prudent.

Cet état est déclaré provisoire jusqu'à l'organisation définitive, fixée au 7 prairial, jour de l'installation du légitime évêque; il devient définitif par une délibération postérieure signée de M. Gandolphe, ancien curé de Sèvres, nommé premier curé de la Cathédrale. Tous ces ecclésiastiques firent rétractation.

La paix était partout rendue à l'Église de France.

CARTOUCHE DE L'ORGUE.

CHAPITRE V.

Saint-Louis Cathédrale.

Monseigneur Louis Charrier de la Roche, premier évêque.

Pie VII a Versailles.

VERSAILLES était en fête le 27 mai 1802.

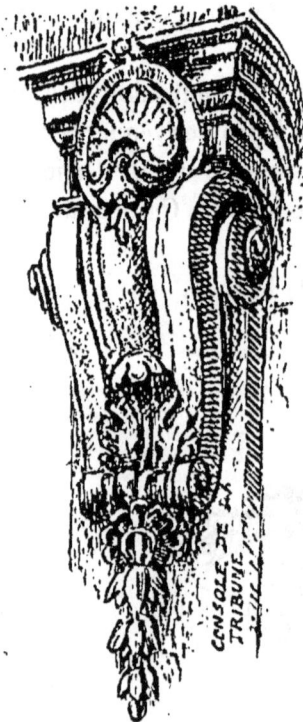

Par suite de la convention passée le 29 messidor an IX (15 juillet 1801) entre le Premier Consul et le Souverain Pontife, un évêché avait été créé à Versailles. Le nouvel évêque, Mgr Louis Charrier de la Roche, y arriva le 25 mai l'année suivante et fut installé deux jours après, le 27 mai, jour de l'Ascension.

A onze heures du matin, toutes les autorités de la ville et l'état-major de la place, le clergé des trois paroisses vinrent le chercher au château pour le conduire processionnellement à son église cathédrale. A cette occasion, les eaux du Parc jouèrent comme aux plus beaux jours de fête, et le soir la ville était illuminée.

C'est de bonne foi que Mgr Charrier de la Roche avait embrassé le schisme constitutionnel.

Désigné pour l'évêché de la Seine-Inférieure, il avait été sacré à N.-D. de Paris, le 10 avril 1791, par le trop fameux Gobel, assisté de Dubourg, ancien évêque *in partibus* de Babylone, et de Dumonchel, évêque constitutionnel du Gard.

Mgr LOUIS CHARRIER DE LA ROCHE

1ᵉʳ Évêque de Versailles (1802-1827).

Sa rétractation fut sincère, publique et solennelle. Nous en avons déjà donné une preuve, et si nous en voulons une plus évidente encore, lisons le passage suivant de sa Lettre pastorale lors de son installation :

« Nous ne pouvons pas, et quand nous le pourrions, nous ne
« voulons pas vous taire, que nous avons appartenu autrefois,
« momentanément, à une église qui n'avait pas obtenu le suffrage et
« la communion du Saint-Siège ; ce fut sans aucun esprit de schisme
« et d'indépendance de notre part ; et notre conduite, toute répréhen-
« sible qu'elle pouvait être, car *nous en devons l'aveu solennel,* fut
« plutôt une erreur de notre esprit qu'un égarement de notre cœur.
« Nous crûmes de bonne foi que le parti que nous avions embrassé
« était le seul moyen alors de sauver la religion catholique et l'exer-
« cice public de son ministère. Réduits à nos propres conseils, nous
« nous déterminâmes à suivre cette route avant que Rome eût parlé.
« Mais aussitôt que le chef de l'Église eût fait entendre sa voix et que
« nous en fûmes assurés, la soumission la plus entière fut notre
« partage et la cause fut finie à notre égard. Nous satisfîmes à ce que
« l'autorité suprême et légitime exigeait de nous ; nous adressâmes
« différentes fois d'humbles supplications à N. S. P. le Pape Pie VI,
« d'heureuse mémoire ; nous avons réitéré les témoignages de notre
« dépendance canonique et sans réserve au Pontife actuel que Dieu,
« dans sa miséricorde, nous a réservé pour la consolation de son
« Église ; nous avons condamné dans cette occasion et nous condam-
« nons encore tout ce que condamne l'Église universelle unie à son
« Chef, et nous lui avons donné toutes les satisfactions qu'il avait
« droit d'exiger de notre obéissance filiale ; il a daigné nous mettre en
« état de jouir du bienfait de sa communion, et nous le publions avec
« autant de courage que de reconnaissance pour l'édification du trou-
« peau fidèle qu'il a bien voulu confier à notre sollicitude. »

L'administration de Mgr Charrier de la Roche dut être bien laborieuse. Le gouvernement avait réuni sous la crosse de l'Évêque de Versailles les deux départements d'Eure-et-Loir et Seine-et-Oise (Chartres et Versailles), qui ne furent séparés qu'en 1822.

Il est inutile de dire que l'Évêque se trouvait au milieu d'un troupeau nombreux, dispersé par la plus horrible tempête, privé de guides et de conducteurs. Il lui fallait reconstruire le bercail détruit et y ramener les brebis égarées. Ses premières paroles, au jour de son installation, avaient prêché l'union, la concorde, l'oubli des injures, le sacrifice des ressentiments. Tous les prêtres, dont la position dans l'Église formait un véritable schisme, avaient écouté sa parole et étaient revenus au catholicisme. Les simples fidèles revenaient heureux à leurs pasteurs ; de ce retour l'Évêque avait sa part ; nous le voyons, quelques jours après son arrivée, donner le baptême à dix-sept adultes dans son église cathédrale, et cette pieuse cérémonie se renouvela quelquefois. Il y avait donc, au milieu des tristesses du passé, quelques consolations pour le présent, de grandes espérances pour l'avenir.

Et puis, il se rencontre parfois dans la vie de ces jours heureux que l'on n'oublie jamais.

Mgr Charrier de la Roche dut se rappeler souvent le jeudi 3 janvier 1805, où l'église Saint-Louis fut témoin d'une cérémonie bien désirée, mais bien rare — de la bénédiction du Pape en personne.

Le Souverain Pontife Pie VII, venu à Paris pour sacrer l'Empereur Napoléon, vint visiter Versailles qui avait sollicité cette faveur.

Nous lisons au *Journal Officiel* et dans la *Gazette de France :*

Versailles, 3 janvier 1805.

Le Saint Père est arrivé aujourd'hui à Versailles, à onze heures. Il a été directement à l'Église Cathédrale, où il a été reçu et complimenté par M. l'Évêque. Sa Sainteté a encensé le Saint Sacrement et M. l'Évêque a donné le salut. L'église étant beaucoup trop petite pour contenir la population de cette ville qui s'y est portée presque entière, M. l'Évêque a prié Sa Sainteté de donner sa bénédiction pontificale d'un des balcons de la galerie du château, et il a averti le peuple de se rendre sur la terrasse. Rien n'a été plus imposant que cette cérémonie : le Pape a paru, précédé de sa croix, avec ses habits pontificaux et la mitre en tête. A son aspect, le peuple, en recevant la bénédiction de Sa Sainteté, a donné tous les signes de la foi et de la piété chrétienne ; il a fait ensuite éclater sa joie par les cris répétés : Vive le Saint Père !

Le Saint-Père a paru extrêmement satisfait des témoignages de religion des habitants de Versailles, et la bonté paternelle de Sa Sainteté, la charité divine qui brille dans toutes ses actions, ont pénétré ceux-ci de vénération.

Le Pape a dîné à l'Évêché seul à sa table, suivant l'usage. M. l'Évêque a donné ensuite à dîner à tout le cortège du Saint-Père et aux principales autorités de la ville et du département.

Sa Sainteté est partie de Versailles à quatre heures. M. le Maire (M. Pétigny), qui l'avait complimentée à son entrée dans la ville, l'a saluée encore à sa sortie des barrières, où il s'est trouvé avec le corps municipal et la garde nationale. Le Pape était dans une voiture à huit chevaux, suivie de deux autres voitures de la cour à six chevaux. Un corps très nombreux de cuirassiers et de dragons de la plus belle tenue l'ont accompagné jusqu'au-dessus de *Sèves* ; un piquet des guides de la garde impériale l'a escorté jusqu'à Paris. Le Préfet de Seine-et-Oise (M. de Montalivet) a complimenté ce matin le Saint-Père à *Sèves* pendant le relai, et il l'a accompagné tout le temps qu'il a été dans son département.

Le discours que l'Évêque adressa au Souverain Pontife nous est conservé; il nous semble que nous devons en donner connaissance; la ville si catholique de Versailles y verra qu'au sortir de la Révolution elle faisait déjà le joie de son premier pasteur :

« Très Saint-Père,

« La reconnaissance, l'empressement et le respect qui vont partout « au-devant de Votre Sainteté, pénètrent en ce moment tous nos « cœurs, puisqu'elle a bien voulu déférer à nos vœux les plus ardents « en nous honorant de sa présence.

« Nous sentons tout le prix de cette faveur extraordinaire et « privilégiée.

« Lorsque Jésus-Christ paraissait dans les différentes villes de la « Judée, il laissait approcher de lui les enfants, et il ne visitait les « différentes contrées de la région heureuse qu'il parcourait, que pour « répandre des bienfaits.

« Image de Dieu et vicaire de Jésus-Christ sur la terre, Très « Saint-Père, vous ne vous communiquez aux fidèles qui se pressent « sur vos pas, que comme un père qui veut être entouré de ses « enfants; et vous leur prodiguez, à son exemple, les trésors célestes « qui sont entre vos mains.

« Nous sommes tous vos enfants, et nous voulons à notre tour « partager les consolations qui naissent en quelque sorte sur les traces « du père commun des fidèles.

« En traversant la France, partout on n'a vu, sous les auspices de Votre Sainteté, et par sa seule présence, que des traits de la miséricorde et de la bonté divines, opérés par vos regards paternels.

« Des malades ont été guéris : c'est-à-dire, des pécheurs sont rentrés en eux-mêmes.

« Des possédés ont été délivrés : c'est-à-dire, des hommes esclaves « de leurs passions se sont affranchis des liens funestes qui les tenaient « en captivité.

« Des sourds endurcis ont été touchés de la grâce, et ces aveugles « qui fermaient les yeux à la vérité les ont ouverts à la lumière.

« C'est ainsi qu'autrefois les paralytiques, l'aveugle-né, la Chana- « néenne, les lépreux, tous ceux enfin qui se trouvaient sur la route

PIUS VI. . . . . . . CIARAMONTIVS
CÆSENAS . . . . PONTIF MAX
CREATVS DIE XIV . . . . MART II MDCCC.

« de Jésus-Christ, éprouvaient par l'ardeur de leurs désirs et la sincé-
« rité de leur foi, les effets de la puissance et de la charité.

« Ici, Très Saint-Père, presque tout est changé depuis longtemps;
« ces miracles de la grâce sont moins nécessaires ; mais, du moins,
« vous affermirez les faibles, vous encouragerez les forts, vous rani-
« merez la langueur des tièdes, et vous consolerez les amis nombreux
« de la religion.

« Et qui pourrait résister à l'impression d'un attrait et d'un
« aiguillon si puissant?

« Tous les cœurs volent sur vos pas et cherchent à rencontrer le
« vôtre.

« L'amour de la religion et la piété qui distinguent le troupeau
« fidèle qui m'est confié sous votre autorité bienfaisante et tutélaire
« touchent sensiblement le cœur paternel de Votre Sainteté.

« L'amour filial le plus affectueux le dispute en ce moment à la
« vénération profonde que nous imposent le titre auguste dont elle
« est revêtue, le rang suprême qui lui appartient dans l'Église, et les
« vertus apostoliques qui en sont l'ornement.

« Nous ne sommes tous en ce jour qu'un cœur et qu'une âme.

« Votre seule présence, Très Saint-Père, au milieu de nous est,
« pour tous ceux qui en jouissent, un bienfait signalé, un exemple
« pieux, une instruction touchante.

« En voyant le successeur de Pierre, dont les droits sont consacrés
« jusque dans l'Évangile, nous croyons voir Pierre lui-même, à qui
« le Sauveur de tous les hommes a déposé le soin de ses agneaux et
« de ses brebis ; et lorsque votre bouche sacrée prononce une seule
« parole, nous disons à l'envi que Pierre a parlé par la bouche de
« *Pie*, comme le concile d'Éphèse s'écriait que Pierre avait parlé par
« celle de Léon.

« Toutes les autorités, tous les habitants de cette ville, tous les
« fidèles de ce diocèse sont animés du même sentiment.

« Ce témoignage public leur est dû par le premier Pasteur de cette
« Église, puisqu'ils offrent le spectacle d'une fidélité sincère à la reli-
« gion, et d'un respect profond pour le chef qu'elle se glorifie de
« posséder dans son sein.

« Tous ses ministres sont dirigés par le même esprit, et je leur

« dois aussi ce témoignage personnel, qu'ils la font respecter par leu
« exemples.

« Tous les fidèles ont repris, depuis longtemps, avec autant d'éd
« fication que d'empressement, l'exercice public du culte de nos père
« que le malheur des temps avait suspendu ou renfermé dans l
« silence de l'obscurité, mais que rien n'avait pu arracher de no
« cœurs.

« La liberté, rendue enfin par le mouvement religieux du nouvea
« *Constantin* qui nous gouverne, n'a fait que soulever le voile qu
« couvrait le précieux trésor de la foi, mais qui ne l'avait pa
« étouffée.

« Votre Sainteté vient aujourd'hui, au milieu des actions d
« grâces, des acclamations et de l'allégresse publique, y mettre l
« dernier sceau.

« Elle a consacré, par tout ce que la Religion a de plus august
« le héros qui a voulu lui rendre l'hommage le plus éclatant par cet
« imposante cérémonie ; elle bénira, par ce que la Religion a de plu
« attendrissant, le peuple immense qui s'associe en quelque sorte
« cette auguste consécration.

« Ce jour sera donc pour nous le plus beau de notre vie, le plu
« heureux pour cette cité et le plus célèbre dans les fastes de notr
« Église.

« C'est véritablement le jour que le Seigneur a fait pour sa gloir
« et pour notre bonheur ; et béni soit mille fois le Pontife qui vien
« en son nom répandre sur nous les bénédictions dont le Ciel lui confi
« la dispensation pour la consolation de la terre. *Benedictus qui ven*
« *in nomine Domini; hæc dies quam fecit Dominus exultemus et lætemu*
« *in eâ.* »

Aux Registres des baptêmes, nous avons aussi le procès-verbal d
cette fête rédigé par M. Gandolphe, curé de la Cathédrale, nou
aurons l'occasion de le citer plus tard.

Mentionnons qu'il y a six ans à peine, on distinguait encore, sur l
façade de Saint-Louis, les larges traces des guirlandes d'arbres vert
dont la population versaillaise avait décoré son église. En souvenir d
ce précieux jour, on laissa ces guirlandes se dessécher et tombe
d'elles-mêmes, non sans quelques détériorations de la pierre. Bien des

personnes ont vu ces *festons* sans en connaître la cause, les derniers travaux les ont fait disparaître.

Je renvoie au domaine de la légende le fait de la corde au cou que, dans cette circonstance, le premier évêque de Versailles aurait portée en signe de repentir et de pénitence ; il aurait ainsi fait amende honorable pour le serment prêté jadis à la Constitution. Mais cette amende honorable n'a-t-elle pas été faite, il y a huit ans, à Pie VI ? plusieurs fois depuis à Pie VII ? Mgr Charrier ne dit-il pas qu'il *a donné à ce dernier toutes les satisfactions possibles* qu'il avait droit d'exiger de son obéissance filiale ? Le ton de son discours est-il donc celui du repentir et des supplications ?

Des trois procès-verbaux que nous avons (1) de cette fête, aucun n'y fait allusion, et tous trois cependant entrent dans les détails et viennent de témoins oculaires. En fait de corde au cou, Mgr Charrier de la Roche n'eut en cette circonstance que le cordon d'or et de soie qui dans les cérémonies pontificales sert à l'évêque à maintenir la croix sur la poitrine.

Je pourrais être ici l'apologiste de Mgr Charrier de la Roche ; tous les documents qui nous parlent de lui rappellent sa charité, son dévouement, sa ténacité dans le travail, sa science... Mais ne serais-je pas obligé, par justice et reconnaissance, de rappeler dans les mêmes termes, à chaque changement d'administration que la mort nous impose, les mêmes vertus pastorales que nous constatons chez ceux qui nous ont dirigés ou qui nous dirigent encore ?

Jusqu'au bout il voulut paraître au milieu des fidèles de sa ville épiscopale ; un jour, il avait alors quatre-vingt-neuf ans, il s'était revêtu des habits de chœur pour venir, comme d'ordinaire, entendre la parole sainte, quand les avant-coureurs de la mort l'obligèrent à s'étendre sur le lit où quelques heures après il s'éteignait dans une légère agonie, à cinq heures et demie du soir, le 17 mars 1827.

Le Chapitre réuni, nomma, le siège étant vacant, MM. Laglé, Perin, Moreau, vicaires capitulaires, et pour secrétaire de l'Évêché, M. Chauvet.

---

(1) Voir les rapports : *Gazette de France*, M. Gandolphe, curé de Saint-Louis, M. Le Roy, historien de Versailles, tous témoins oculaires.

Le 29 juillet 1827, Mgr Etienne-Jean-François Borderies, vicaire général de Paris, était sacré évêque de Versailles. Son administration fut de courte durée ; il mourut le 4 août 1832.

C'est par son ordonnance du 24 septembre 1828 que fut imposée une liturgie nouvelle, Bréviaire, Rituel, Catéchisme, etc., propres à notre diocèse. Le besoin se faisait en effet sentir de réunir, dans l'unité de la prière et du culte public, les sept fractions des diocèses qui avaient formé le nôtre. Les aspirations n'étaient point encore à la liturgie romaine, aussi les prêtres acceptèrent-ils avec joie ce moyen d'accord liturgique et de renouvellement de leurs livres vieillis par l'usage et souvent devenus incomplets.

Dans le testament de Mgr Borderies, nous trouvons les dispositions suivantes :

« Je lègue tout ce qui m'appartient à M. l'abbé Blanquart de « Bailleul, mon grand-vicaire, mon excellent ami, ou plutôt mon très « cher enfant, et je l'institue mon légataire universel, à la charge de « tous les legs ci-après.

« Sur les seize cents francs de rente sur l'État que je possède, « etc., etc. » Le Chapitre, les séminaires, le personnel de sa maison, personne n'est oublié. *(Archives de l'Évêché.)*

Mgr ÉTIENNE-JEAN-FRANÇOIS BORDERIES

2ᵉ Évêque de Versailles (1827-1832).

Ce fut le *grand-vicaire*, *l'excellent ami*, que Rome et le gouvernement français donnèrent pour successeur à Mgr Borderies, Louis-
Marie-Edmond Blanquart de Bailleul, né à Calais le 8 septembre 1795,
devint le troisième évêque de Versailles et fut sacré dans sa Cathédrale le 27 janvier 1833.

Mgr Blanquart n'ambitionnait pas la charge épiscopale, mais s'il
devait la prendre, Versailles, dit-il, aurait été de son choix.

« Dieu a deviné le secret de notre cœur (1) ; il a comme cédé à
« l'instinct de notre zèle ; il a voulu qu'en ayant à changer de titre,
« nous n'eussions pas à changer d'affection ; qu'il nous fût permis,
« ordonné même de chérir comme Évêque l'Église que déjà nous
« aimions comme prêtre, que de serviteur nous devinssions époux
« sans avoir à déplacer notre tendresse.

« Il n'est pas jusqu'à notre *dernière demeure* qui ne nous parle des
« miséricordes divines. Nous l'avions choisie nous-même, sans le
« savoir, le jour où nous avons marqué la sienne (2) ; nous partage-
rons le même tombeau. »

Ses désirs ne furent point satisfaits.

Le 6 mai 1844, il fut élevé au siège archiépiscopal de Rouen ; puis,
quand de douloureuses infirmités l'obligèrent à donner sa démission,
le 8 février 1858, et d'accepter le titre et la retraite de chanoine de

---

(1) Mandement de prise de possession.
(2) Mgr Blanquart, étant vicaire général, avait désigné dans le caveau du chœur
de la Cathédrale l'endroit où devait être déposé le corps de l'évêque défunt ; il
manifesta le désir d'être plus tard inhumé auprès de lui.

Saint-Denis, il revint mourir à Versailles, le 30 décembre 1868, rue des Bourdonnais, 28. Son corps fut descendu provisoirement dans le caveau funéraire, auprès de Mgr Borderies; mais Rouen, qui le vénérait comme un saint et l'aimait comme un père, demanda la dépouille mortelle de son ancien archevêque, et, de Mgr Blanquart, nous n'avons plus que le souvenir.

Ses préoccupations constantes avaient été ses deux séminaires, et c'est à lui que nous devons leur installation dans les bâtiments où ils sont aujourd'hui. Au pavillon Letellier, grand séminaire actuel, s'il accepta que les divisions de l'aile du Sud portent ses prénoms, *Louis-Marie-Edmond*, ce fut à la condition que dans les mêmes divisions de l'aile du Nord on pourrait lire aussi *Etienne-Jean-François*, prénoms de Mgr Borderies, qui avait eu si grande part dans cette affaire.

S'il donnait ainsi tous ses soins, tout son cœur à l'éducation des jeunes clercs, il s'intéressait aussi à celle de la jeune fille dont le rôle futur dans la famille a quelque chose de sacré.

Aux belles communautés existant déjà dans sa ville épiscopale, il crut utile d'adjoindre celle de la Sainte-Enfance. Cette communauté n'est pas de date trop récente, puisque, d'après nos archives officielles, nous en pourrions remonter l'origine au 6 septembre 1686, quand trois filles vertueuses se dévouèrent à l'instruction gratuite des jeunes enfants de Rambouillet. Pendant de longues années, même à travers les révolutions, les Sœurs dites alors de *Saint-Adrien* donnèrent des preuves de leur dévouement. Toutefois, en 1835, elles sentirent le besoin de se réformer pour une vie plus religieuse encore. Mais, à Rambouillet, le grain de sénevé ne faisait que végéter, quand Mgr Blanquart, le 15 octobre 1843, appela cette communauté dans sa ville épiscopale, et, sous le nom de Sœurs des Écoles Chrétiennes dites de la Sainte-Enfance de Jésus, la confia aux soins d'un savant et vertueux chanoine, M. Lemaire, qui en devint le second fondateur. Le vénérable prélat eut le bonheur, avant sa mort, de retrouver à Versailles la Sainte-Enfance dans son complet développement.

Mgr Blanquart fut le consécrateur de notre Église Cathédrale. Cette cérémonie avait toujours été différée pour des causes majeures; tout d'abord par l'inachèvement des travaux intérieurs, l'ornementation des chapelles, les sculptures des clefs d'arcs, etc., puis par les troubles

Mgr LOUIS-MARIE-EDMOND BLANQUART DE BAILLEUL
3ᵉ Évêque de Versailles (1833-1844).

de la Révolution et les longues et dispendieuses restaurations qu'elle a rendues nécessaires.

C'est au centenaire de la pose de la première pierre qu'eut lieu cette consécration, comme en fait foi le procès-verbal suivant :

Consécration de la Cathédrale.

L'an du Seigneur mil huit cent quarante-trois, la veille des Ides de Novembre, le XXIIIe dimanche après la Pentecôte, sous le Pontificat de N. S. P. le Pape Grégoire XVIe du nom, en présence de MM. les Vicaires généraux du diocèse, de MM. les Chanoines et Chapitre de l'Église Cathédrale, de MM. les Curé et Vicaires de l'Église et Paroisse Saint-Louis, de MM. les Administrateurs de la Fabrique ; Illustrissime et Révérendissime Père en Dieu, Monseigneur Louis-Marie-Edmond Blanquart de Bailleul, troisième Évêque de Versailles, a fait la consécration solennelle de l'Église Cathédrale et Paroissiale de Saint-Louis de Versailles et de l'autel du chœur de ladite Église, dans la forme et avec les cérémonies prescrites par la sainte Église catholique, cent ans cinq mois après que la première pierre en fut bénite par Monseigneur de Vintimille, Archevêque de Paris, et posée par Sa Majesté Louis Quinze, Roi de France, fondateur et bienfaiteur de cette Église ; quatre-vingt-neuf ans, deux mois, dix-neuf jours après son entier achèvement et la bénédiction qui en fut faite par M. l'Abbé Rance, curé de ladite Paroisse Saint-Louis ; quarante et un ans, six mois, vingt-quatre jours après son érection en Église Cathédrale par Notre Saint Père le Pape Pie, septième du nom ; dix ans huit mois seize jours après le sacre et la prise de possession dudit Seigneur Louis-Marie-Edmond Blanquart de Bailleul, Évêque.

✝ L. M., Év. de Versailles.

Moreau, v. g.; Chauvet, v. g.; Dallier, ch. v. g.; Périn, doyen, v. g.; Bony, curé de Saint-Louis; Guet, ch.; Chauvel, ch.; Devins, ch.; Berry, v. g.; Bl. de Lamotte, v. g.; Marchand, c. h.; Meunier, curé de S.-Sym.; Pinard, curé de N.-D.; Driou, v.; Laine, v.; L. Laine, 1er v.; B. Grimot, v.; Driou, pro-sec. de l'Évêché, Gourdan, Boistard, Ropers, Tricotel, E. de Blavette, trés.; Cte de Jousselin, de Cappot, fabriciens.   (*Archiv. de l'Église.*)

Nous citerons, sous l'épiscopat de Mgr Blanquart de Bailleul, un fait glorieux pour la France et dans lequel notre église cathédrale eut une part privilégiée.

Le 13 octobre 1837, les troupes françaises entraient à Constantine qui avait résisté une première fois à nos armes. La nouvelle envoyée par le télégraphe aérien ne parvint que le 23. Louis-Philippe était alors à Trianon. Le lendemain 24, à onze heures du matin, il se rendit à la Cathédrale pour assister au *Te Deum* chanté en l'honneur de cette victoire. Il était accompagné de la reine, du duc et de la duchesse d'Orléans, du roi et de la reine des Belges, du duc et de la duchesse de Wurtemberg et de tous les ministres.

Nous conservons avec soin les ornements sacrés qu'il donna plus tard à la Cathédrale en souvenir de cette victoire.

Monseigneur Jean-Nicaise Gros, sacré évêque de Saint-Dié le 26 février 1843, fut transféré à l'évêché de Versailles en mai 1844. Sans y songer, il s'est dépeint tout entier dans sa devise : *In labore requies, repos dans le travail.* Jusqu'au dernier moment, malgré une santé des plus délicates, le travail fut un repos pour lui. Tout d'abord il lui faut remédier au désastre financier de ses séminaires. L'imprudence de ses administrateurs les ont engagés dans des opérations trop aléatoires et tout a sombré. Il s'occupe ensuite des administrations fabriciennes du diocèse, revise les tarifs des différents ordres du Casuel, recherche attentivement les fondations de chaque église, de chaque communauté, des hôpitaux, s'assure si les charges créées par les donations anciennes doivent être maintenues; si beaucoup n'ont pas disparu dans les spoliations révolutionnaires, travail immense qu'il termine par une ordonnance particulière à chaque église.

Pour ses prêtres, il publie les statuts diocésains où, dans un recueil complet, il donne les saintes règles de la discipline ecclésiastique; rassemble un synode, établit les conférences ecclésiastiques, commence l'œuvre des bibliothèques cantonales, réveille le zèle du prêtre en exercice par les retraites pastorales, pourvoit aux besoins du prêtre âgé, infirme, par l'asyle qu'il lui ouvre au boulevart du Roi, à Versailles, par suite du legs Campigny; termine les tergiversations que suscite l'adoption de la Liturgie romaine qu'il rend obligatoire à son diocèse à partir du 15 mars 1853.

Fidèle à sa devise, il travailla jusqu'à la dernière heure, tout à Dieu pour sa sanctification personnelle, qui était de sa part l'œuvre de tous les jours et de tous les instants, et tout à son diocèse dont l'administration l'a occupé jusqu'à ses derniers moments.

Outre les Mandements du Carême de chaque année, qui tous prouvent sa piété et sa science, nous avons de lui de nombreuses ordonnances dont les principales visent la division du Diocèse en Archidiaconés et la nomination des Archidiacres ; la caisse Saint-Charles, les principaux Tarifs, les oblations des fidèles, les droits et honoraires du clergé dans les services religieux ; l'Adoration Perpétuelle, les Confréries, les RR. PP. Capucins, la Propagation de la Foi, etc.

Monseigneur Gros mourut à Versailles le 13 décembre 1857 ; son corps est déposé dans le caveau du chœur de la cathédrale.

Le Chapitre fit choix de MM. les Chanoines et Vicaires généraux Chauvet et Chauvel pour Vicaires capitulaires.

Mgr JÈAN-NICAISE GROS
4e Évêque de Versailles (1844-1857).

Monseigneur Jean-Pierre Mabile naquit à Rurey le 20 septembre 1800.

Il était vicaire général de Montauban quand il fut appelé à l'honneur de l'épiscopat. Sacré évêque de Saint-Claude le 11 novembre 1851, il fut transféré au diocèse de Versailles au mois de mai 1858. Il fut à Versailles ce qu'il avait été à Saint-Claude, mais nous avons eu la plus longue part dans sa sollicitude et la plus belle série de ses travaux.

Quand vint pour lui le mémorable jour de ses noces d'argent, célébrées avec grande pompe dans sa cathédrale, le 11 novembre 1876, ses prêtres, groupés autour de lui en grand nombre, lui rappelèrent, avec bonheur et reconnaissance, que le diocèse avait de lui de précieux souvenirs, des actes, des fondations, de nombreux et solides écrits : Consécration du diocèse à Marie-Immaculée (11 novembre 1860) et au Sacré-Cœur (juin 1873); établissement des Clarisses à Versailles; restauration et consécration de plusieurs édifices diocésains; lettres doctrinales sur l'infaillibilité du Pontife Romain et les travaux du saint Concile du Vatican, où personnellement, il eut sa part d'action. Pour dilater dans les cœurs des fidèles de sa ville épiscopale la piété catholique et la dévotion romaine qui sont utiles à tout et à tous, il avait obtenu l'affiliation, si riche en indulgences, de sa cathédrale à la basilique patriarcale de Sainte-Marie Majeure; il avait érigé, dans cette même cathédrale, une statue monumentale de saint Pierre pour populariser de plus en plus l'attachement au culte du prince des Apôtres. Appelé, par l'illustration de son siège, à présider aux prières publiques des représentants de la France, quand les Chambres n'avaient point encore aboli cette pieuse et si française coutume, il eut toujours l'indépendance et la gloire de parler en évêque des temps apostoliques, en docteur incorruptible des vérités chrétiennes et sociales. Les erreurs de l'époque l'ont trouvé sur la brèche. « Ce n'est pas, dit-il, par esprit d'opposition et de dénigrement; ce n'est pas pour blâmer et condamner ce qui se fait dans les Écoles de l'État, c'est uniquement pour hâter la réédification sociale par un mouvement d'ascension du Catholicisme. »

Qu'on nous permette de rappeler les présents que le Diocèse fit à son évêque dans la circonstance mémorable de ses noces, la *mitre précieuse*, l'admirable *chape* du style si pur du xiiie siècle ; la *crosse* surtout qui inspirait à l'auguste pontife les paroles suivantes :

« Ce qui nous touche au delà de toute expression, c'est que vous avez voulu qu'un gage précieux perpétuât le souvenir de cette fête de famille. Cette crosse pastorale qui nous est offerte est non-seulement un objet d'art ; elle est un lien de plus entre nous ; elle est un symbole et un enseignement ; elle restera parmi vous comme un témoin non suspect des sentiments qui vous animent à notre égard. Aux évêques qui nous succéderont, aux prêtres qui vous remplaceront, elle apprendra que l'union dans la prière, dans la doctrine, dans les œuvres, a été notre force ; que si nous avons fait quelque bien, en ces tristes et mauvais jours, ça été par notre dévouement à l'Église et au Saint-Siège. Alors, nous en avons le ferme espoir, s'inspirant des mêmes motifs, suivant la même voie, ils cultiveront avec fruit l'héritage que nous leur aurons légué. »

Monseigneur Mabile ne survécut pas longtemps aux témoignages d'estime et d'attachement de son diocèse. Six mois après, il voulut, malgré son état de santé, aller à Rome, offrir à Pie IX l'hommage de sa vénération ; c'est là qu'il rendit son âme à Dieu, les mains chargées de bénédictions et les lèvres remplies de paroles d'affection pour ses chers diocésains, 8 mai 1877.

Son corps, ramené à Versailles, fut inhumé dans le chœur de la cathédrale.

Mgr JEAN-PIERRE MABILE

5e Évêque de Versailles (1858-1877).

IN CRUCE SALUS

A Mgr Mabile succède Mgr Pierre-Antoine-Paul Goux, né à Toulouse le 13 mars 1827, et sacré évêque de Versailles, le 14 novembre 1877.

Il ne nous appartient pas d'entrer dans les détails de son épiscopat. Nous osons seulement dire que si Mgr Goux a pris pour modèle Mgr Gros dans sa vie administrative, on peut voir qu'à sa propre devise : *In cruce salus*, il veut joindre encore, dans la pratique, celle de ce laborieux et pieux prédécesseur : *In labore requies*. Toute sa direction en est la preuve.

Après nous, d'autres sauront dire combien est fructueux déjà le travail de vingt années passées dans ce diocèse. L'administration, dans ses parties diverses, a repris son ancienne vigueur. Toute association chrétienne peut compter sur son intérêt et son concours, depuis l'Institut catholique dont il est membre, jusqu'à l'école libre des campagnes dont il est souvent en partie fondateur.

Il donne aux études de ses séminaires le développement que nécessitent les lois actuelles sur l'enseignement, encourage le travail de ses prêtres, surtout dans les Conférences diocésaines, dont les comptes-rendus prouveront toujours le sérieux du travail et la haute intelligence de la direction.

Par lui-même, il instruit toutes les classes. Dans ses Lettres pastorales, il sait joindre à l'exact et pieux enseignement de l'évêque la science littéraire du *docteur*, sans en exclure parfois les grâces de

5

l'*Académicien des Jeux floraux*. Aussi, publiées dans la chaire, elles redescendent aux mains de tous en éditions populaires, puisque tous comprennent et veulent goûter les enseignements si sagement traités.

Entre temps, les Églises ruinées se relèvent, de nouveaux sanctuaires sont érigés, l'Évêque se multiplie pour les bénir et consacrer leurs autels.

De nouveaux monastères se rangent sous sa conduite, les Norbertines, au Mesnil-Saint-Denis; les Carmélites, à Versailles; les Cisterciens, au Pont-Colbert, d'autres encore...

Mais nous voulions garder le silence. Il faut qu'on nous pardonne si l'affection et la reconnaissance nous rendent indiscret.

Mgr PIERRE-ANTOINE-PAUL GOUX

6e Évêque de Versailles (1877).

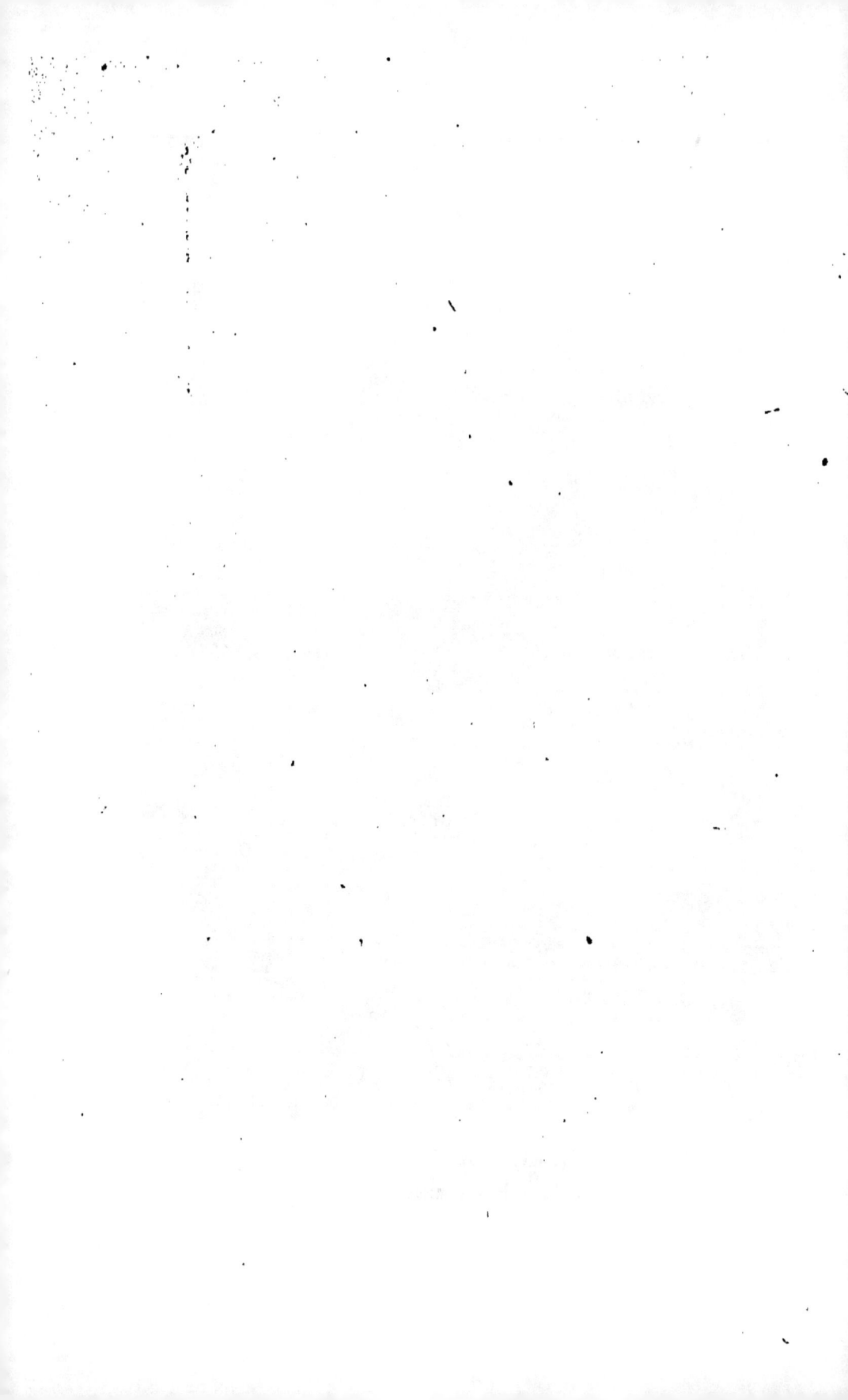

TABLEAU CHRONOLOGIQUE

DES

ÉVÊQUES, CHANOINES & CURÉS

EN L'ÉGLISE

CATHÉDRALE SAINT-LOUIS DE VERSAILLES

1er *Évêque.* — Mgr CHARRIER DE LA ROCHE, Louis, né à Lyon le 17 mai 1738, sacré le 10 avril 1791, est installé évêque de Versailles le 27 mai 1802, meurt le 17 mars 1827.

2e *Évêque.* — Mgr BORDERIES, Étienne-Jean-François, né à Saint-Geniès, au diocèse de Montauban, le 24 janvier 1764, est sacré évêque de Versailles le 29 juillet 1827, meurt le 4 août 1832.

3e *Évêque.* — Mgr BLANQUART DE BAILLEUL, Louis-Marie-Edmond, né à Calais le 8 septembre 1795, sacré à Versailles le 27 janvier 1833, est transféré au siège archiépiscopal de Rouen le 6 mai 1844. Il démissionne, est chanoine de Saint-Denis et meurt à Versailles le 30 décembre 1868.

4e *Évêque.* — Mgr GROS, Jean-Nicaise, né à Rheims, est sacré évêque de Saint-Dié le 26 février 1843, est transféré à Versailles en mai 1844, meurt le 13 décembre 1857.

5e *Évêque.* — Mgr MABILE, Jean-Pierre, né à Rurey le 20 septembre 1800, est sacré à Montauban évêque de Saint-Claude le 11 novembre 1851, est transféré à Versailles le 20 mai 1858, il meurt à Rome le 8 mai 1877. Son corps est rapporté à Versailles et déposé dans les caveaux de la cathédrale.

6e *Évêque.* — Mgr GOUX, Pierre-Antoine-Paul, né à Toulouse le 13 mars 1827, sacré évêque de Versailles, le 14 novembre 1877.

CHAPITRE DE LA CATHÉDRALE SAINT-LOUIS

DE VERSAILLES

depuis sa Fondation, en date du 28 octobre 1802

28 octobre 1802. — Delafage (Jean-Pierre). — Pollet (François).— Lejuge-Brassac (Louis-Augustin). — Le Grandchamp (Barthélemy) de Tulle. — Quatrenvaux (Jacques), — Longuépée (Pierre-Jean). — Duplessis (Jean-Marie). — De Boulogne (Etienne-Antoine).

10 octobre 1804. — De Rousseaux (Louis-Hyacinthe), de Besançon, succéda a † Quatrenvaux,

12 novembre 1804. — Godefroy (Louis), de Nancy, succède † Longuépée.

13 avril 1807. — Vaquier (Jean-Baptiste), de Carcassonne, succéd à † Duplessis.

11 mars 1808. — Viguier (Louis), de Rodez, succède à Mgr Boulogne, nommé évêque de Troyes.

19 mars 1810. — Lequoy (Louis-Marie), succède à † Viguier.

21 août 1810. — Clément (Nicolas-Elisabeth), succède à † Pollet

15 août 1811. — Clédat (Jean), succède à † Lejuge-Brassac.

13 mars 1812. — Leduc (François), succède à † Lequoy.

9 avril 1814. — Verguin (Simon), vicaire général, supérieur d Séminaire, succède à † Clédat.

1er février 1817. — Charrier de Fléchac (Pierre), du Mans, succéd à Grandchamp, démissionnaire.

Le 10 décembre 1817, par droit de joyeux avènement à la couronne, le roi nomme au premier canonicat vacant dans le Chapitre d la Cathédrale M. de Maussac. Cette nomination ne paraît pas avoir eu son effet ; le 2 janvier 1823, M. de Maussac donne sa démission de vicaire général.

4 octobre 1818. — Brad (Etienne-Zacharie), de Séez, succède à Clément, démissionnaire.

26 décembre 1818. — Humbert (Nicolas-Louis), de Jouy-en-Josas, succède à ✝ Delafage.

2 janvier 1819. — Rollet (Gaspard-Philibert-Joseph), succède à ✝ Leduc.

28 mars 1820. — Picot (Denis-François), succède à ✝ Brad.

1er avril 1820. — Chauvet (Louis-Florent), succède à ✝ Rollet.

4 février 1822. — Dutrieux (Joseph-Maurice), succède à Verguin, démissionnaire.

15 mars 1822. — Tardy (Marie-Joachim), succède à ✝ Godefroy.

3 avril 1823. — Perrin (Georges), succède à ✝ Rousseau.

13 août 1824. — Moreau (Auguste), succède à ✝ Humbert.

12 novembre 1825. — Raussin (Jean), succède à ✝ Perrin (G.)

26 mai 1828. — Périn (Pierre-Hubert), succède à ✝ Vaquier.

8 mars 1830. — Bony (Henri-François), succède à ✝ Charrier de Fléchac.

1er avril 1830. — Dallier (Jacques), succède à ✝ Picot.

7 avril 1833. — Dumesnil (Jean-Nicolas), succède à Chauvet, démissionnaire.

21 avril 1833. — Chauvel (François), succède à ✝ Tardy.

6 février 1834. — De Camelin (Marie-Hippolyte), succède à Moreau, démissionnaire.

25 juin 1835. — Devins (André-Benoît), succède à Bony, démiss.

9 avril 1837. — Droneau (Jean-Marie), succède à ✝ Dumesnil.

25 février 1838. — De Préfontaine (Louis-Victor-Ferdinand), succède à ✝ Raussin.

9 août 1840. — Guet (Etienne), succède à ✝ Dutrieux.

27 juin 1841. — Robert (Pierre-Nicolas), succède à Droneau, démissionnaire.

28 juillet 1844. — Berry (Nicolas), succède à ✝ Robert.

30 mars 1848. — Bormand (Jean-Louis), succède à ✝ Chauvel.

9 avril 1849. — Lemaire (Louis-Azarie-Florent), succède à Devins, démissionnaire.

15 août 1849. — Dantan (Pierre), succède à Périn, démission.

8 février 1852. — Lambert (Félix), succède à ✝ de Camelin.

26 octobre 1856. — Bertrand (François-Marie), succède à ✝ de Préfontaine.

16 janvier 1859. — De Cazalès (Edmond-Louis-Marie), succède à Dallier, démissionnaire.

7 octob. 1860. — Morel (Emmanuel-Sylvain), succède à ✝ Lambert.

13 avril 1866. — Chevallier (Jacques-Ferdinand), succède à Morel, démissionnaire.

23 juin 1868. — Dumas (Jean-Etienne), succède à ✝ Guet.

9 juin 1869. — Thomas (Alexandre-Dominique), succède à ✝ Chevallier.

21 avril 1871. — Dutois (François-Napoléon), succède à ✝ Dantan.

23 avril 1871. — Bourgeois (Hippolyte-Nicolas), avec lui la cure est réunie au Chapitre.

7 juin 1871. — Davin (Vincent), succède à ✝ Berry.

16 février 1872. — Lenfant (Pierre-René), succède à ✝ Dutois.

6 novembre 1872. — Beaumont (Augustin-Félix), succède à de Cazalès, démissionnaire.

18 janvier 1876. — Ardin (Pierre-Marie-Etienne), succède à ✝ Thomas.

11 septembre 1879. — Laine (Jean-Claude), succède à Lemaire, démissionnaire.

23 avril 1880. — Borsu (Pierre-Paul André), succède à Ardin, évêque d'Oran.

27 avril 1881. — Gallet (Auguste-Frédéric), succède à ✝ Bertrand.

22 octobre 1881. — Dubois-Lacroix, succède à ✝ Dumas.

24 août 1883. — Dutilliet (Alphonse), succède à ✝ Bormand.

15 novembre 1884. — Goux (Paul-Hélène-Bruno), succède à Dubois, démissionnaire.

30 mars 1889. — Groux (François-Gabriel), curé, succède à ✝ Bourgeois.

18 octobre 1890. — Geoffroy (Adrien-Alexandre), succède à ✝ Beaumont.

24 juin 1891. — Donnio (Olivier-Marie), succède à ✝ Laine.

1er mars 1893. — Lemperier (Justin-Antoine), succède à ✝ Borsu.

8 juin 1895. — Tessier (Eugène), succède à ✝ Geoffroy.

CURÉS DE SAINT-LOUIS

DEPUIS LA FONDATION DE LA PREMIÈRE ÉGLISE

Michel, 1ᵉʳ avril 1727, desservant, puis curé.

Fantin, 1730, curé de Saint-Louis.

Forgeron, 1737, curé de Saint-Louis.

Rance, 1741, curé de Saint-Louis, bénit la nouvelle église en 1754 et en est le premier curé; il meurt la même année.

Baret (Joseph), de 1754 à 1777; meurt le 17 janvier 1778, un an jour pour jour après sa démission.

Jacob (Aphrodise), de 1777 à 1785; il cède sa cure de Saint-Louis à son frère et devient curé de Notre-Dame.

Jacob (André-Jean), de 1785 à 1791.

L'intrus Bassal ne peut être compté.

Avoine, premier évêque intrus, siège à Notre-Dame, mais il nomme les prêtres qui desservent Saint-Louis.

Clément, second évêque intrus, siège à Saint-Louis, et prétend régir la paroisse et le diocèse, 1797 à 1801.

SAINT-LOUIS, ÉGLISE CATHÉDRALE

Gandolphe (Jérôme-Claude), 1802, meurt le 28 juin 1810.

Sortais (Louis-Jean-Simon), 1810, meurt le 12 juin 1814.

Grandjean (François), 1814, meurt le 15 octobre 1820.

Le Bonhomme (Jean-Louis), 1820, meurt le 10 janvier 1835.

Bony (Henri-François), 1835, meurt le 8 avril 1870.

Bourgeois (Hippolyte-Nicolas), 28 avril 1871. Par sa nomination, la cure est réunie au Chapitre, et le curé est nommé chanoine titulaire. M. Bourgeois meurt le 28 janvier 1889.

(Toutes les ordonnances relatives à cette nomination sont au Registre capitulaire.)

Groux (François-Gabriel), ancien vicaire général, succède à M. Bourgeois en 1889 et prend sa place à la suite dans les stalles du Chapitre.

APPENDICE

— Avoine et Clément, Évêques constitutionnels

Nous avons à la Bibliothèque de la ville de Versailles et aux archives de la Préfecture les discours qui ont été prononcés à l'ouverture de l'assemblée électorale, tenue pour la nomination d'un évêque en l'église Notre-Dame de Versailles, le 5 décembre 1790, d'abord par M. Challan, procureur général syndic du département de Seine-et-Oise, puis par M. Savary, président d'âge, enfin par :

M. Jean-Julien Avoine, curé de Gommecourt, élu évêque du département de la Seine et de l'Oise le 7 décembre 1790, le 8 dudit mois, lors de sa proclamation en l'église de Notre-Dame de Versailles :

« Messieurs,

« Le choix que vous avez fait de ma personne pour devenir l'évêque du département de la Seine et de l'Oise, m'a jeté dans un si grand étonnement que je ne puis trouver d'expressions pour vous témoigner ma vive et profonde reconnaissance. Appelé par vos suffrages au gouvernement d'une des premières Églises du royaume, je sens combien sont pénibles et difficiles les fonctions d'un si honorable ministère, et en l'acceptant avec effroi, je gémis de me trouver si peu de talents pour en remplir les devoirs. Ce que j'ose promettre ici, Messieurs, d'après le sentiment de mon cœur, c'est que je ferai tout pour la Religion dont j'ai l'honneur d'être ministre ; tout pour la Patrie dont j'ai le bonheur d'être citoyen ; tout pour l'avantage des fidèles de ce grand diocèse, et particulièrement pour celui des pauvres dont je dois me regarder comme le père; tout pour le maintien de notre inestimable Constitution dont je suis obligé d'être plus que jamais un des plus zélés défenseurs. Oui, Messieurs, j'en forme devant vous l'engagement solennel, je ferai tout pour ces objets importants et sacrés; rien pour moi-même; et j'adresserai continuellement des vœux au Ciel pour la félicité publique et la conservation des jours précieux du monarque qui nous gouverne. »

Nous avons encore du citoyen Avoine plusieurs documents ou lettres que nous retrouvons à la Bibliothèque de la ville de Versailles, à la Préfecture et au Grand-Séminaire. Tout cela est sans intérêt réel; ce sont des félicitations et des conseils de l'administrateur de Pontoise sur son élection, des lettres latines d'ordination de prêtrise délivrées à Jacques Duchesnay du diocèse de Séez, la lettre contre les processions dont nous avons parlé, etc.

De Clément, nous avons quelques ouvrages d'un intérêt assez médiocre et qu'il n'est pas facile de se procurer aujourd'hui. La Bibliothèque de Paris cependant possède : les *Mémoires secrets sur la Vie de M. Clément*, évêque de Versailles, sans nom d'auteur, que le *Dictionnaire des Anonymes* dit être M. Saillant.

Or, l'abbé Saillant, ancien curé de Villiers-le-Bel, était l'ami du fameux Grégoire qui habitait près de lui à Sarcelles, ami lui-même de Clément. Ces mémoires ont été publiés en 1812.

J'ai fait allusion aussi au *Journal de mes Voyages*, où l'on retrouve l'attachement de Clément à la doctrine de Port-Royal. Que sont devenues ses pages sur les *Antiquités de Créteil?* Son mémoire sur l'*Atlantide?*

Nous avons dans le diocèse d'habiles et intrépides chercheurs qui rassemblent, en ce moment, ce qui reste des feuilles éparses, déchirées, brûlées à demi par notre Révolution; ils apporteront un jour plus net dans ces discussions et dans cette histoire; nous profitons avec reconnaissance de leurs recherches, nous renfermant toutefois dans le cadre restreint que nous nous sommes tracé.

DEUXIÈME PARTIE

LA CATHÉDRALE

Louis XV n'avait rien épargné pour donner à la paroisse qu'il fondait un cachet de grandeur royale.

Nous avons parcouru l'histoire, étudions maintenant, dans ses détails, le bel édifice de Mansart de Sagonne, l'extérieur tout d'abord ; puis nous pénétrerons dans son intérieur. A côté des richesses qui ont survécu aux injures du temps et des révolutions, nous retrouverons celles qu'une administration intelligente et sage a su y réunir.

CHAPITRE PREMIER

EXTÉRIEUR

L'emplacement de la cathédrale et de ses dépendances comprend tout le carré que forment les rues Satory, des Bourdonnais, Saint-Honoré et des Tournelles. Cette partie de la dernière rue a disparu complètement dans l'agrandissement de la place Saint-Louis.

L'église a son chevet au midi ; sa forme est un parallélogramme terminé par un abside semi-circulaire ; on y pénètre par cinq portes, trois au grand portail, une à chaque extrémité du transept.

A l'est est la chapelle de la Providence, aujourd'hui dite des Caté-chismes. Pendant longtemps, elle porta le nom de Charniers à cause de sa destination première ; en cas de décès au palais, le corps du défunt était transporté dans cette chapelle et y restait jusqu'à l'inhu-mation. Cette annexe de l'église fut construite en 1784, immédiatement après la construction de l'évêché actuel, sur les plans de l'architecte Trouard. Elle s'amorce directement sur l'église à la suite du transept ; c'est un rez-de-chaussée percé d'une porte centrale qui fait avant-corps et de quatre fenêtres.

Cinq bas-reliefs, œuvre du sculpteur Augustin Pajou, décorent la partie supérieure des fenêtres et de la porte centrale.

La Tempérance. — Pierre. H. 0m80. L. 1m20. Une femme assise verse de l'eau dans un vase ; près d'elle sont deux enfants ; un chameau derrière elle au second plan.

La Force. — Mêmes dimensions, même sculpteur. Une femme s'appuie sur une massue et tient une branche de chêne ; deux enfants jouent avec un lion, l'un est monté dessus et tient comme guides le ruban que l'autre passe sous le cou de l'animal.

La Religion. — Au-dessus de la porte d'entrée, une femme, vue de face, tient une croix ; des enfants portent la tiare, des clefs, les Tables de la Loi.

La Justice. — Une femme assise tient les emblèmes de la justice, le sceptre, l'épée, la balance et le faisceau.

La Prudence. — Elle tient un serpent enroulé autour d'un bâton ; des enfants lui présentent un miroir.

Cette chapelle a pour pendant les bâtiments de l'Évêché, construits en 1760 pour les Lazaristes qui desservaient l'église ; les frontons triangulaires sur la rue Satory et la rue d'Anjou sont restés inachevés ; les bossages des tympans attendent encore leur décoration. Seule l'entrée du Nord est terminée. Toute la partie absidale, d'un bras du transept à l'autre, est occupée par les jardins.

L'*Inventaire des Richesses d'art de la France* nous donne à peu près en ces termes la description de l'extérieur du monument :

La façade de l'église, élevée sur un emmarchement de huit degrés, a deux étages. L'étage inférieur est percé de trois portes : la porte centrale est flanquée de six colonnes doriques ; chaque porte latérale de deux. Le second étage ne règne que sur la partie centrale du rez-de-chaussée qu'il répète exactement. La baie correspondant à la grand'porte est occupée par le cadran de l'horloge. Au-dessus, un fronton triangulaire dont le tympan est décoré d'un cartouche chantourné où étaient les armes de France, accostées de deux ailes, surmontées d'une couronne royale. Une croix dorée termine le fronton.

Aux angles de la façade et un peu en retraite, deux campaniles carrés, coiffés d'une calotte, dont les fleurons supportent des paratonnerres. Les angles de ces campaniles et les deux colonnes doriques placées aux extrémités de la façade sont surmontés de vases en pierre. Sur la croisée du transept, calotte en charpente, couverte en ardoises, que termine un balustre surmonté d'une sphère portant la croix.

Au-dessus des portes du transept sont deux médaillons en bas-relief dans un cadre ovale surmonté d'une gloire avec deux têtes de chérubins. En examinant attentivement l'intérieur des cadres il est facile de constater qu'il y a eu mutilation. Sur la rue Saint-Honoré, la figure du Saint est remplacée par celle d'un héros de nos guerres sous la République ; sur la rue Satory, le ciseau n'a point terminé son œuvre, l'image sainte est enlevée avec soin, le sujet qui doit la remplacer n'est pas encore dessiné.

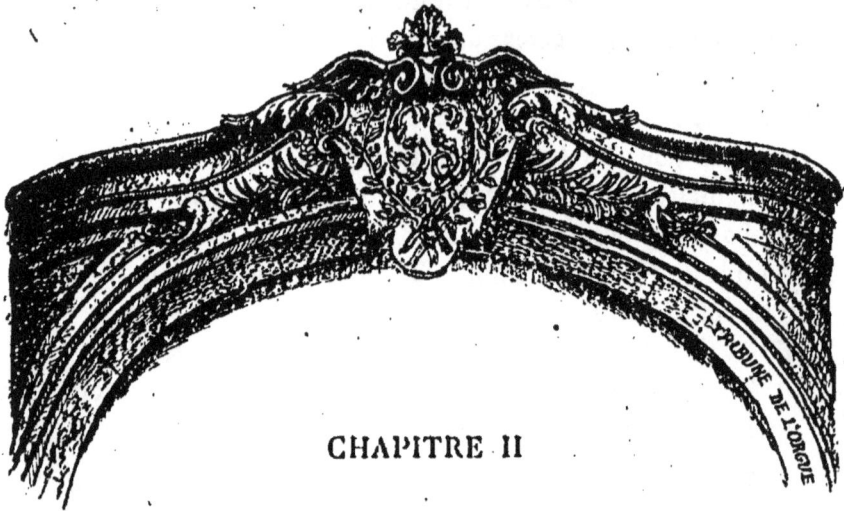

CHAPITRE II

INTÉRIEUR

Du premier coup d'œil on saisit l'ensemble de l'intérieur, on constate la hardiesse de la construction, la majesté des lignes, en même temps que la sobriété des détails et la noblesse de la décoration.

La porte centrale, d'une hauteur de neuf mètres, s'encadre dans une voussure profonde dont la partie supérieure forme une tribune de grande hardiesse et d'un très bel effet. Au centre de son arcature un cartouche fleuronné, qui rappelle celui qui décore le fronton du portail, porte en relief les lettres S. L., initiales du saint Patron.

La tribune, dont l'arc extérieur s'appuie de chaque côté sur une console de beau caractère, se relève en accolade pour porter le très imposant buffet des orgues que construisit en 1760 Clicot, le plus célèbre facteur de cette époque.

Avec les nombreuses réparations qu'y fit Cavaillé-Coll, cet instrument est aujourd'hui de premier ordre, joignant à la puissance des sons une grande variété de timbres nouveaux. C'est maintenant un grand seize-pieds en montre avec pédales de trente-deux. Il compte 46 jeux complets, 3 claviers, 1 pédalier, 12 pédales de combinaisons et 3,131 tuyaux.

Le buffet de l'orgue supporte à son sommet le cadran des heures mis en communication avec le cadran de la façade ; le mécanisme de l'horloge a été renouvelé tout entier en 1892.

ÉGLISE
S LOUIS, CATH
DE VERSAILLES.

VUE INTÉRIEURE
DE LA GRANDE NEF,
DE LA COUPOLE DU TRANSEPT
ET DU CHŒUR.

NEF ET TRANSEPT
DE L'ÉGLISE CATHÉDRALE SAINT-LOUIS DE VERSAILLES

DOSSIER DU BANC D'ŒUVRE

CHAPITRE III

NEF & SES BAS COTÉS

(Nous suivrons dans cette étude l'ordre que la Commission des Beaux-Arts nous a tracé.)

La nef, d'une hauteur de 23 mètres et d'une longueur totale de 93 mètres depuis la porte d'entrée jusqu'au chevet de la chapelle absidale, s'ouvre sur les bas-côtés par dix arcades en plein cintre, de 9 mètres de hauteur, 5 de chaque côté, séparées par des piliers doublés de pilastres ioniques. Les fenêtres du clair-étage qui surmontent les arcades donnent à l'intérieur une grande clarté.

Le chœur compte aussi neuf arcades, six sur les bas-côtés et trois au rond-point, séparées par des pilastres semblables à ceux de la nef. Les cartouches variés qui forment les clefs des arcs semblent s'agraffer sous les intrados des cintres, remontent jusqu'à l'entablemen., et les guirlandes de roses qui les encadrent retombent gracieusement sur l'extrados des archivoltes. Au-dessus du maître-autel, le cartouche est remplacé par une gloire et des têtes d'anges ; à la chapelle de la Sainte-Vierge par les initiales A. M. de l'*Ave Maria*.

Les bénitiers et leurs consoles, en marbre blanc, sont de Hersent, sculpteur à Paris. Dans une contestation au sujet du prix, la Fabrique et le sculpteur acceptent comme médiateur Pajou, sculpteur du Roi, membre de l'Académie royale, qui travaillait alors à la décoration des chapelles du chœur et aux médaillons de la chapelle des catéchismes. (Délibér. de la Fabriq., 8 mai 1780.)

La contestation fut bien vite réglée à l'amiable. Pajou estima la façon des bénitiers à la somme de 1,372 livres et reçut 48 livres pour sa médiation.

La chaire est du xviiie siècle, à peu près de l'origine de l'église ; le banc-d'œuvre, qui lui fait face à gauche, semble de même époque ; son dossier est garni d'un édicule ajouré du plus pur style Louis XV ; des enfants d'une belle sculpture supportent la couronne royale au-dessus d'un médaillon où se détachent les lettres initiales de saint Louis.

Les voûtes sont remarquables par la régularité et la force de leur appareil et par l'élégance de la croisée du transept. Une bande plate divise leurs intrados en travées correspondant aux divisions de la nef et du chœur, et retombe sur l'entablement dans la ligne perpendiculaire des pilastres ioniques.

Des voûtes pendent dix-huit lustres dont quelques-uns ne sont plus qu'en partie en cristal taillé. La tradition veut que Marie Leczinska en ait fait don au second curé de Saint-Louis, M. Baret ; mais il y a erreur, au moins quant au nombre. Nous trouvons en effet, dans les registres de la paroisse, que Louis XVI, jugeant à propos de réformer certains usages qui, aux jours de grandes fêtes, autorisaient à prendre aux Menus-Plaisirs (1) ce qui était utile pour la décoration de l'église, la Fabrique décida, le 18 septembre 1785, l'acquisition de sept lustres au prix de 3,000 livres, et deux autres furent achetés en 1790. On en changea alors la disposition ; ils étaient

(1) Payé à M. Morillon la somme de 42 livres pour le port et report des lustres et girandoles des Menus-Plaisirs du Roy, pour le jour de Noël. (Liv. de Compt. 1762.)

suspendus au milieu de l'allée centrale, on les m.it deux à deux sur le côté comme ils sont aujourd'hui.

Sur les pilastres de la nef et du chœur, nous remarquons les croix de la consécration solennelle de la Cathédrale par Mgr Louis-Marie-Edmond Blanquart de Bailleul, le 12 novembre 1843. Le procès-verbal est au livre des baptêmes. Nous en avons déjà donné connaissance.

BAS COTÉ GAUCHE

Toutes les chapelles du pourtour, à l'exception de la chapelle absidale, sont rectangulaires et coiffées en calotte sphérique élevée sur pendentifs. La voûte des deux campaniles et de la chapelle absidale est percée d'un *oculus*.

Dans toutes les autres chapelles, elle est surélevée par une seconde calotte ovale formée de rayons qui partent du centre et se renferment dans un cadre richement sculpté. Cette sculpture toutefois n'existe que dans les chapelles latérales du chœur ; celles de la nef, de même que la calotte du transept, n'en ont que les bossages, ce travail n'ayant jamais été terminé. C'est à l'architecte Trouard que nous devons l'ornementation des bas-côtés du chœur.

Les dimensions de ces chapelles sont en général de cinq mètres en carré et neuf mètres de hauteur. Celles du pourtour du chœur sont plus ou moins modifiées par les courbures du rond-point et de l'abside semi-circulaire ; toutes sont élevées sur caveau, mais une seule inhumation y a été faite ; nous le dirons en son temps.

I. Chapelle sans vocable.

LES CLOCHES.

Cette chapelle fait le dessous du campanile, aussi sa voûte est-elle percée d'un *oculus* pour l'installation des cloches au beffroi.

Nous avons dit déjà que l'église Saint-Louis eut huit cloches réparties dans les deux campaniles du portail, que la Révolution de 1793 n'en laissa qu'une pour servir en cas de besoin.

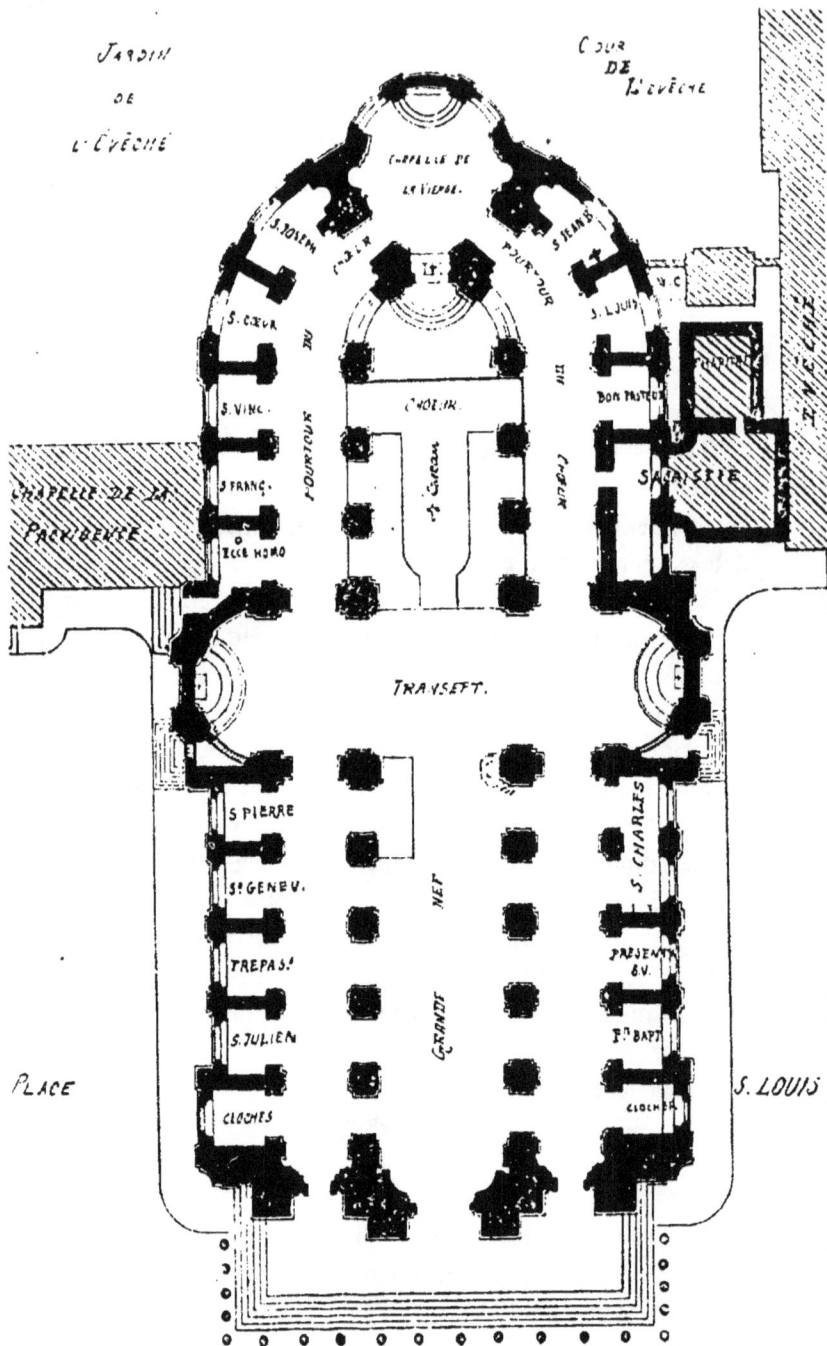

JARDIN
DE
L'ÉVÊCHE

COUR
DE
L'ÉVÊCHE

CHAPELLE DE
LA VIERGE.

S. JOSEPH

S. JEAN B

POURTOUR DU CHOEUR

POURTOUR DU CHOEUR

S. CŒUR

CHOEUR

S. L. JUIF

S. VINC.

V.C

S. FRANC.

BON PASTEUR

SACRISTIE

ECCE HOMO

S. CURIEN

TRANSEPT.

S. PIERRE

S. CHARLES

St GENEV.

NEF

TREPAS!

PRESENT.
B.V.

S. JULIEN

Fs BAPT.

CLOCHES

GRANDE

CLOCHER

PLACE

S. LOUIS

CHAPELLE DE LA
PROVIDENCE

Louis XVIII voulut, en 1823, seconder les intentions du clergé, des fidèles et de la ville entière. Tous réclamaient pour l'église royale et cathédrale une sonnerie qui fût en rapport avec ses titres exceptionnels.

Quatre cloches furent fondues en 1823, et, le 6 janvier 1824, Mgr Louis Charrier de la Roche procédait solennellement à leur bénédiction dans le chœur de sa cathédrale.

Le procès-verbal de cette cérémonie, rédigé sur le registre des baptêmes, donne pour témoins : le Chapitre, le clergé de la ville et une grande foule de paroissiens de Saint-Louis.

Le marquis Olivier de Vérac, pair de France et gouverneur des Palais de Versailles et Trianon, représentait le roi ; la marquise, sa femme, tenait la place de la duchesse d'Angoulême.

Quelques semaines après, les cloches étaient installées dans la tour où nous les voyons aujourd'hui.

Allons les visiter, leur accès est facile, un escalier de pierre en vis conduit doucement au beffroi.

Elles sont étagées deux à deux, les inscriptions qui se lisent sans trop de peine racontent leur origine. Toutes les quatre sont *sœurs*, et c'est le roi qui les a nommées.

Marie, la première, du poids de 1,900 kilog. et dont le battant est de 60 kilog., raconte ainsi son histoire dans les cinq lignes suivantes :

« Je suis la première des quatre sœurs qui ont été offertes à Dieu
« par le clergé, la ville et les paroissiens de St-Louis et bénite par Mgr
« Louis Charrier de la Roche, évêque de Versailles, et nommée
« Marie par Sa Majesté Louis XVIII, roi de France et de Navarre, et
« par Madame
« Thérèse-Charlotte, fille de Louis XVI, duchesse d'Angoulême,
« M. le Bonhomme étant curé de l'Église royale cathéd^{le} et pa^{le} de
« St-Louis ; Chauvet,
« Louis, de Versailles, vic. général du diocèse. M. Lagrolé, g^d vic^{re}
président de la fabrique ; MM. Magnier, Tardy, Picot,
« Chanoines et administ^{rs} ; M. le B^{on} des Touches, préfet, et
« M. le marquis de la Londe, maire. Je fus fondue l'an 1823. »

Rien n'a été épargné pour donner aux quatre sœurs une illustre naissance, leur timbre est beau et puissant, leur revêtement est d'une grande perfection. Rien de plus soigné, de plus fin que les couronnes d'acanthe qui les entourent, que les médaillons de la Vierge, de saint Louis et d'autres encore, que le Christ crucifié, aux formes dites jansénistes, que ces fleurs de lys semées sur les parois extérieures.

Vient ensuite *Anatole*, du poids de 1,400 kilog. et son battant de 45 kilog.

« Je suis, dit-elle, la 2ᵉ des 4 sœurs, etc., etc. »

Martine, de 900 kilog.

Et *Zoé*, de 700 kilog.

Réclament aussi le titre de troisième et quatrième sœur et répètent exactement ce que leur a dicté *Marie* sur leur origine et leurs témoins qui sont exactement les mêmes.

Ces quatre sœurs sont de bel accord, et leur timbre *do ré mi fa* permet les combinaisons les plus heureuses qui nous font entendre, aux jours de fêtes, les plus joyeuses volées, comme elles nous attristent profondément quand, aux jours de deuil, elles tintent le glas des morts.

Tout d'abord, elles furent placées au premier étage du campanile, en communication avec l'escalier de la tribune de l'orgue, mais elles n'étaient point suffisamment isolées, leur trop grande sonorité était fâcheuse pour les offices du chœur ; en 1855, on les remonta dans un beffroi nouveau.

Que devint alors la cloche qui, dès l'origine de l'église, avait annoncé toutes ses fêtes, qui avait traversé, seule et silencieuse, les mauvais jours de la Révolution, et dont le réveil avait causé tant de joie ? Elle avait sonné les victoires du premier Empire, elle revoyait la paix sous la Restauration.

Le quartier de Montreuil ne pouvait oublier que Marie-Josèphe de Saxe, mère du roi régnant Louis XVIII, lui avait porté un bien vif intérêt, et que c'était à ses instances que fut construite son église. Montreuil n'avait point de cloches, et la cathédrale, en possession des *quatre sœurs*, consentit à se dessaisir de *Joséphine*. Nous l'avons retrouvée au beffroi de Saint-Symphorien, et ce n'est pas sans quelque plaisir que nous avons lu à sa partie supérieure :

« L'an 1755, j'ai été nommée Joséphine par Louis quinze, roy de
« France et de Navarre, et par Marie-Josephe de Saxe, Dauphine de
« France, du temps de M. Baret, curé de cette paroisse Saint-Louis
« de Versailles. M⁵ Thomas-Georges Dubuisson et Jean Blossier,
« tous deux margˢ en charge. » Au bas : Michel Desprez, mᵗʳᵉ
« fondeur du roy, m'a faite à Paris. »

Nous félicitons Montreuil de conserver ce souvenir d'une des plus,
saintes et des plus généreuses princesses qui fut jamais.

Nous avons dit que c'est aux instances de la Dauphine qu'est due
la construction de Saint-Symphorien. Nous en avons la preuve dans
les lettres que nous conservons d'elle aux archives de l'Évêché.

Louis XV avait confiance dans la Dauphine et plus d'une fois il
vint lui demander conseil. Un jour, c'était à la fin de 1766, il trouva
chez elle le plan de la paroisse de Montreuil. Voici comment Marie-
Josephe de Saxe le raconte à M. Soldini, son confesseur.

Mais sa lettre commence de si singulière façon que je dois l'expli-
quer par une lettre précédente :

« Je vous prie de chercher dans les livres que je vous ai envoyés
« s'il n'y a pas un Petit Office de la Vierge, en latin, en maroquin
« rouge, fort sale et dans un sac plus sale et déchiré ; le livre est
« très petit. »

Or, la bonne princesse s'était trompée, le livre était chez elle ; bien
vite elle écrit pour réparer son étourderie :

« Je suis une bête et vous demande pardon si je vous ai donné la
« peine de chercher l'Office de la Vierge, je viens de le trouver avec
« ce livre que j'ai à M. le Dauphin. Celui que je vous ai envoyé a été
« entre les mains de M. le Dauphin pendant sa maladie. *Le roi a*
« *trouvé chez moi le plan de la paroisse de Montreuil, il s'est ressou-*
« *venu que M. le Dauphin lui en a parlé. Je lui ai dit deux fois que si*
« *M. d'Orléans (de Jarente, évêque d') le voulait, cette église nécessaire*
« *serait bâtie à bon marché. Le pauvre curé a bien raison de s'en tour-*
« *menter.* » (Archiv. de l'Evêché.)

II. Chapelle de Saint-Julien.

Saint Julien était autrefois le patron du bourg de Versailles ; sa petite église fut démolie pour la construction du Grand-Commun, sous Louis XIV. Nous n'en avons d'autres souvenirs que la rue du même nom, ouverte sur ses ruines, et les tableaux, les verrières qui, à Notre-Dame et à Saint-Louis, rappellent le martyre de ce saint. Un autre souvenir, cependant, est celui d'une relique donnée par le Chapitre de Paris à la Cathédrale de Versailles, pour que son premier titulaire y soit plus solennellement vénéré.

1° Paroi de gauche :
Charlemagne. Grisaille imitant le bas-relief. H. 1ᵐ60, L. 1ᵐ20.
Par Coupin de la Couperie (Marie-Philippe).

Trois personnages. Charlemagne, la couronne en tête, est assis au milieu ; de la main gauche, il tient le symbole de l'empire, le globe surmonté d'une croix ; de l'autre, son épée (la Joyeuse) dont la pointe est fixée en terre. A sa droite est une allégorie : *la Guerre.* Une femme recouverte d'une armure, le casque en tête, la visière relevée, s'appuie sur sa massue renversée ; de la main gauche, elle tient une palme de victoire.

Le grand empereur semble se détourner d'elle. S'il a vaincu les peuples par la force, il veut maintenant se les attacher par la Foi. C'est ce qu'exprime le symbole qu'il regarde à sa gauche. La Religion chrétienne est debout, vêtue d'une robe longue ; sur sa poitrine, une tête d'ange sert d'agrafe à son vêtement. Cette tête gracieuse fait contraste avec celle de l'horrible monstre que Charlemagne écrase sous son pied. D'une main, la Religion tient la croix qui a civilisé le monde, et de l'autre, le calice surmonté de l'hostie, symbole de notre foi (1).

---

(1) M. Clément de Ris a fait erreur quand il a intitulé cette grisaille : Saint Julien et Charlemagne. La figure guerrière est bien celle d'une femme. Les détails de l'armure ôtent tout doute à cet égard.

L'auteur de cette grisaille, Coupin de la Couperie, naquit à Sèvres en 1773. Sous la Restauration, il exécuta pour la Chapelle des Pages les deux grisailles que nous conservons à Saint-Louis, *Clovis* et *Charlemagne*.

2° Paroi de droite, sur l'autel :
Martyre de saint Julien. Toile, H. 2ᵐ50. L. 2ᵐ.
Par Wittkofsky, élève de Horace Vernet.

Saint Julien est à genoux, vêtu d'une tunique blanche, d'un manteau blanc liseré de rouge ; sa ceinture est de cuir. Sa tête, vue de face, est renversée en arrière, il regarde le ciel vers lequel ses deux bras sont levés. Devant lui, au premier plan, est un livre gros in-folio, à l'épaisse reliure de velours richement décorée. Le saint a jeté dessus son épée et son baudrier ; son casque, dont la beauté indique le rang de Julien dans la cohorte romaine, a roulé à terre derrière lui.

A droite sont deux vieillards revêtus de blanc sur leur robe de bure ; ce sont peut-être des compagnons de martyre ou la famille du saint ; l'un, à la longue barbe blanche, s'appuie sur son bâton ; l'autre, prosterné à terre, cache sa tête dans ses mains jointes. Au-dessus de quelques nuages, et dans les rayons qui éclairent la tête du martyr, est un ange tenant une palme, il se détache presque tout entier sur l'azur très foncé du ciel. Au dehors, à gauche, viennent les bourreaux ; celui qui marche en avant, coiffé d'une peau de lion, commence à dégaîner ; un autre, à la figure tout aussi sauvage, lève sa hache, tout en indiquant au premier soldat où sont les martyrs.

Notice biographique. — Wittkofsky (Alexis-Basile), auteur de ce tableau, naquit à Moscou vers 1823 ; fut proscrit pour ses opinions politiques, se réfugia en France et travailla dans les ateliers d'Horace Vernet. Il fit, entre temps, un portrait du grand peintre qui fut admis à l'Exposition de peinture. Le czar manifesta le désir d'en devenir acquéreur. Wittkofsky le lui fit parvenir. L'arrêt de proscription fut levé, mais le peintre avait fait de la France sa seconde patrie, il n'usa pas de la clémence impériale. Il mourut à Versailles de misère disent les uns, d'un anévrisme disent les autres, dans sa pauvre demeure de la rue de Gravelle, 8, le 6 mai 1868.

La paroi du fond, dans cette chapelle, est remplacée par une fenêtre cintrée de L. 1ᵐ5o, H. 6ᵐ, contenant un médaillon représentant saint Julien.

Toutes les fenêtres que nous aurons à citer sont de même dimension.

III. Chapelle de Sainte-Geneviève.

1° Paroi de gauche :
  Sainte Clotilde. Toile, H. 2ᵐ, L. 1ᵐ3o.
  Par Delaval (Pierre-Louis). Salon de 1819, n° 297.

Clovis va partir pour la guerre contre les Allemands. Clotilde le reconduit jusqu'à la porte du palais; au dehors sont les gens de guerre qui attendent le roi. La reine porte un vêtement verdâtre pour le haut du corps, rougeâtre pour la jupe; le manteau agrafé sur sa poitrine retombe en arrière et se relève à la ceinture. Un diadème retient le voile jeté sur ses cheveux chatains. Dans sa main droite est une croix, de l'autre elle montre le ciel à son époux, on comprend sa pensée.

Clovis est vêtu pour faire campagne ; sous les plis de son manteau rouge on voit le plastron d'or qui lui sert de cuirasse ; sa tunique au-dessous est d'un brun rougeâtre. Le roi chevelu est coiffé d'un casque en forme de couronne avec lambrequin rouge ; il regarde Clotilde, paraît ne pas lui refuser ce qu'elle attend de lui ; mais s'il accepte que la croix soit sa ressource extrême dans le danger, il compte bien plus sur l'épée qu'il serre sur sa poitrine.

2° Paroi de droite. — Tableau de l'autel :
  Sainte Geneviève. H. 2ᵐ5o. L. 1ᵐ9o.
  Signé : Cécile Thorel.

Au milieu du tableau sont les deux principaux personnages, saint Germain et la Vierge de Nanterre. Sur la robe blanchâtre, le saint évêque porte la chape rouge et le pallium; il est coiffé d'une mitre blanche. Sa tête vénérable, ses longs cheveux, sa barbe grisonnante, nous rappellent le modèle dont l'artiste a voulu consacrer le souvenir (1). Sa main gauche est appuyée sur sa poitrine et de la droite il présente à la jeune enfant une pièce marquée d'une croix qu'il vient de trouver sur le sol (2). Geneviève à genoux tend les deux mains pour recevoir ce petit présent, bien précieux pour elle puisqu'elle le gardera toujours et en fera son unique joyau. Son beau profil montre la candeur de son âme, sa piété et sa joie. Sa robe est brune, une jupe de dessus jaunâtre est retenue par les rubans qui se croisent sur ses épaules. Un de ses petits moutons s'est glissé derrière elle, sa quenouille et son fuseau ont roulé par terre, à gauche. Son père est debout, sa mère à genoux joint les mains, tous deux respirent le bonheur. Quelques femmes regardent avec intérêt. Derrière saint Germain sont les prêtres et les lévites qui l'accompagnent. La scène se passe dans le vestibule d'un édifice de riche architecture d'ordre corinthien ; le lointain fait songer aux paysages accidentés de Nanterre.

Avant la Révolution, cette chapelle avait un tableau de Veni représentant un semblable sujet.

L'auteur de la toile que nous venons de décrire, Mlle Cécile Thorel, de Versailles, a reproduit ici un premier tableau qu'elle a fait pour Reims et dans lequel elle avait pris pour modèle M. de Geslin. Dans cette seconde composition, elle n'a travaillé que de souvenir ; elle n'a, nous dit-elle, cherché qu'à reproduire la pose qu'avait fréquemment son vénéré modèle quand il était revêtu de ses habits sacerdotaux.

3° Paroi du fond. — Fenêtre cintrée, au milieu médaillon ovale : *Sainte Geneviève, bergère de Nanterre.*

---

(1) M. l'abbé de Geslin de Kersolon.
(2) La légende du moine Héric au ix° siècle nous dit quelles étaient alors les médailles. C'était habituellement une petite monnaie marquée d'une croix que les fidèles portaient à leur cou et que nous retrouvons souvent dans les tombeaux de cette époque. Le moine décrit ainsi la scène de Nanterre :

Prona solo præsul mox pendula lumina fixit
Æreus emicuit supremo in pulvere nummus,
Insculptus cruce. Sublatum tellure sacerdos
Munus adoptivæ collo devovit alumnæ.

(Heric. mon. ix° siècle.)

IV. Chapelle des Trépassés.

Le Christ en croix, toile. H. 2^m70, L. 2^m

serait une des premières œuvres de Schnetz, qui devint directeur de l'Académie de France à Rome.

Tableau peu rempli. Le corps de Notre-Seigneur, fixé sur la croix par trois clous, se détache seul en clair sur un fond très noir. On entrevoit des soldats et un personnage en manteau rouge quittant le lieu du supplice.

Ce tableau fut longtemps placé devant la chaire.

Plusieurs tables funéraires de marbre noir sont appliquées à droite et à gauche sur la face latérale des piliers:

A Gauche.

—

A la mémoire de
Sarah Selina Saunders
Comtesse de Buor de Villeneuve
décédée à Versailles
le 15 avril 1880.
Priez pour elle!

—

A la mémoire de
Charles-Marie Duchesne
Sous-lieutenant
au 2e régiment d'infanterie de ligne
tué au combat de Spickeren
le 6 août 1870
à l'âge de 22 ans.
Priez pour lui!

—

A la mémoire de
Nicolas Murcier
décédé le 27 janvier 1868
âgé de 76 ans
Pie Je. i Domine
Dona ei requiem.

. Droite.

—

A la mémoire de
M. Hippolyte-Nicolas Bourgeois
Chanoine titulaire
décédé curé-archiprêtre
de la Cathédrale
le 28 janvier 1889.
Au pasteur plein de zèle et de bonté
la Fabrique reconnaissante.

—

A la mémoire de
Monsieur Henry-François Bony
Archiprêtre
décédé curé de cette cathédrale
le 8 avril 1870
après 35 ans
de ministère pastoral.
Au bon pasteur
et au bienfaiteur de l'église
la Fabrique reconnaissante.

A Gauche.	A Droite.
A la mémoire de Etienne-Henry-Marie Mengin de Valdailly Enseigne de vaisseau mort à Tourane, à bord de l'*Antilope* le 1 juin 1877 à l'âge de 24 ans. Priez pour lui !	A la mémoire de Monsieur Louis-Florent Chauve, Vicaire général du diocèse décédé le 2 mars 1868 à l'âge de 73 ans. Erigé par le Conseil de Fabrique de Saint-Louis.
A la mémoire de Madame Marie-Elisabeth de Brunier née Laurent de Mézières décédée à Versailles, le 6 mai 1862. Erigé par sa mère et son époux. (*Marbre blanc.*)	A la mémoire de Dame Comtesse de Louvene a., née marquise de la Cour Balleroy décédée à Versailles, le 18 février 1824 à l'âge de dix-neuf ans. Erigé par son père et sa mère.

Paroi du fond : Fenêtre cintrée, médaillon ovale :
Délivrance des âmes du Purgatoire.

V. Chapelle de Saint-Pierre.

1° Paroi de gauche :

> *Saint Pierre sur les eaux*, toile. H. 2ᵐ. L. 1ᵐ50
> par Boucher François, 1764.

Cette toile était primitivement dans la sacristie; elle en fut enlevée en 1793 et fut restituée en 1802.

La scène est tirée de l'Évangile de saint Matthieu, c. xiv. Notre Seigneur, après la multiplication des pains, s'est retiré seul sur la montagne; ses apôtres sont partis à la pêche. La nuit étant venue, leur barque était fort battue des flots parce que le vent était contraire. A la quatrième veille, Jésus vint à eux en marchant sur les eaux. — C'est un fantôme, s'écrient les apôtres. — Mais Jésus leur dit : Rassurez-vous, c'est moi. — Si c'est vous, lui répond Pierre, commandez que j'aille à vous, sur l'eau. — Viens, dit Jésus ; et Pierre saute de sa barque, marche, va à son maître ; mais bientôt il a peur. Il n'enfonce pas cependant, puisque ses deux pieds sont encore sur les eaux, mais ses genoux fléchissent ; veut-il s'agenouiller ou va-t-il tomber dans l'abime ? — Seigneur, s'écrie-t-il, sauvez-moi ! — Et Jésus le prenant par la main lui dit : Homme de peu de foi, pourquoi donc as-tu peur ?

La lueur incertaine du jour qui va naître donne à cette scène une teinte peu ordinaire ; les pêcheurs qui sont dans la barque regardent avec intérêt ce qui se passe sur les eaux ; on comprend dans leur attitude qu'ils sont du nombre de ceux qui croient à la venue du Messie et qu'ils vont dire ces paroles de notre Évangile : *Vous êtes vraiment le Fils de Dieu.*

La figure du Christ est belle, elle s'éclaire de sa propre lumière, sans qu'elle ait besoin d'auréole ; de gracieuses têtes d'anges se voient dans les vapeurs du ciel.

2° Paroi de droite :
Saint Pierre dans les chaînes. Toile, H. 2^{m}50. L. 1^{m}80.
Signé : Deshayes. (Salon de 1761 n° 31).

Ce tableau exécuté pour l'église Saint-Louis fut enlevé en 1793, transporté au Musée central et restitué en 1802.

La scène se passe dans une prison dont les murs sont percés de fenêtres garnies de barreaux de fer. Dans le haut, un ange aux ailes déployées, vêtu d'une longue robe flottante, montre à l'apôtre, d'une main le ciel d'où lui vient l'ordre de sa délivrance, de l'autre il indique qu'il ait à le suivre. Saint Pierre, presque couché, se soulève sur le pavé du cachot, ses bras sont déjà libres de leurs chaînes, il les élève en signe d'admiration et de surprise. Sa tête, très noble, est encadrée d'une belle barbe blanche qui semble refléter les rayons lumineux qui inondent la prison. Il renverse la tête vers l'ange, il voudrait lui parler.

Au fond du tableau, deux soldats sont endormis ; au premier plan, des blocs de pierre, la paille qui sert de lit et les chaînes brisées complètent cette belle composition.

Notice biographique. — J.-B. Deshayes naquit à Rouen en 1729, il fut tour à tour élève de son père, de Collin de Vermont, de Restout. A vingt-deux ans il eut le prix de peinture, travailla trois ans dans l'atelier de Carle Vanloo, premier peintre du Roi, partit à Rome, revint en France et épousa la fille aînée de Boucher. En 1758, il est membre de l'Académie royale de peinture et est compté, dès lors, parmi les premiers peintres français. Il mourut d'une chute à Paris, le 10 février 1765.

Paroi du fond : — Fenêtre cintrée, médaillon ovale : *Saint Pierre.*

BAS-COTÉ DROIT

Au-dessus de la porte d'entrée :

Tableau : *Apparition de Notre-Seigneur à saint Pierre.*
Toile, H. 4m10. L. 3m35.
(Hieronymus Sourlay Lugdunensis 1664.)

Le sujet de ce tableau est la légende du *Quo vadis.* Aujourd'hui encore, on voit à Rome, à la jonction de la voie Appiennne et de la voie Ardéatine, une petite église qui porte ce nom. C'est là que saint Pierre, sorti de Rome pour fuir la persécution, aurait rencontré son divin Maître. « *Quo vadis?* Où allez-vous, Seigneur? » — Je vais à Rome à ta place pour être crucifié de nouveau. — La vision disparut, Pierre comprit le reproche que lui faisait son Maître, retourna sur ses pas, et quelque temps après, couronnait son apostolat par le martyre, il fut crucifié sur le mont Janicule.

Les deux personnages attirent toute l'attention ; les figures en pied sont plus grandes que nature. A gauche, Notre-Seigneur nu, portant sa croix sur l'épaule gauche, marche vers saint Pierre agenouillé à droite. L'apôtre est vêtu d'une robe bleue et d'un manteau jaune. Le fond de la scène est un vigoureux paysage.

Ce tableau, du peintre Sourlay, le seul élève du célèbre Mignard, serait, dit-on, une copie d'Annibal Carrache. Disons cependant que dans la gravure que Tardieu nous en a laissée, ce graveur l'attribue à Sourlay lui-même, si l'on s'en rapporte à cette inscription : *Sourlay pinx*. Placé tout d'abord dans l'église Notre-Dame de Paris, il aurait été donné à la cathédrale de Versailles en échange du *Vœu* de Louis XIII, de Carle Vanloo, qui appartenait à Notre-Dame des Victoires. Il orna longtemps le transept de notre église comme pendant à la résurrection de Naïm. Pour réparation il retourna dans les magasins du Château, puis fut rendu à la cathédrale. C'est à ce moment qu'il fut arrondi dans son sommet; on peut regretter cette mutilation si elle n'était pas absolument nécessaire; à droite, surtout, elle est plus sensible; la colonne est tronquée, elle n'a plus son couronnement, ni le bel ombrage que lui donnaient les arbres du second plan.

I. Chapelle sans vocable.

Elle est au dessous du clocher, aussi l'*oculus* de sa voûte est-il percé pour le passage des cloches qui s'y trouvaient avant 1793.

II. Chapelle des Fonts.

La cuve baptismale occupe le milieu de la chapelle; elle est ovale, en marbre de Sarancolin. C'est la cuve primitive, car nous lisons aux Registres de 1803 « Vente des fonts baptismaux provisoires, l'administration ayant obtenu ceux qui appartenaient jadis à la paroisse. »

1° Paroi de gauche : Tableau :

Baptême de Notre-Seigneur. Toile cintrée, H. 3^{m}20. L. 2^m.
Par Amédée Vanloo 1761.

Exécuté pour l'église de Versailles.

Saint Jean-Baptiste est debout, à demi couvert d'une toison qui lui laisse les jambes et les bras nus; d'une main il tient une longue croix formée d'un roseau, et de l'autre, il verse avec une coquille de l'eau du Jourdain sur la tête de Notre-Seigneur agenouillé devant lui.

Le Messie a les cheveux longs et séparés à la mode des Nazaréens ; il retient sur sa poitrine les plis d'une longue draperie blanche, dont l'extrémité traîne dans le fleuve.

Du ciel descend le Saint-Esprit sous forme de colombe, quelques têtes d'anges sont les témoins de cette scène; deux anges aux grandes ailes, aux robes flottantes, regardent avec admiration.

Un jeune homme achève de se dévêtir pour recevoir à son tour le baptême, il se cache dans une touffe de palmiers nains, pendant qu'un vieillard debout, les mains jointes, est dans un profond recueillement. Dans le lointain, le Jourdain serpente à travers les roches dont est semé le paysage.

Signé : Amédée Vanloo 1761. (Salon de 1761, n° 36.)

Notice biographique. — Charles-Amédée Vanloo, né à Turin en 1718, passa son enfance en Italie, puis vint à Paris où il exposa souvent au Musée du Louvre. Son talent n'atteint point celui des autres Vanloo ; ses sujets sont pour la plupart mythologiques ou singulièrement choisis. Il a produit beaucoup, et cependant ses tableaux sont devenus rares. Il mourut vers 1790.

2° Paroi de droite :

Baptême de Clovis. H. 1^m80, L. 1^m60.

Grisaille, par Coupin de la Couperie.

Clovis, agenouillé, porte le sceptre, mais il l'incline devant saint Remi qui, debout, lui verse sur 'a tête l'eau du saint baptême. Derrière Clovis est sa femme Clotilde, la tête entourée d'un nimbe doré.

Nous avons parlé de l'auteur en étudiant la grisaille de Charlemagne.

3° Paroi du fond. Fenêtre cintrée, médaillon ovale :

Unus Dominus, una fides, unum baptisma.

(Un seul Seigneur, une seule foi, un seul baptême.)

III. Chapelle de la Présentation.

1° Paroi de gauche :

Présentation de la Vierge au Temple. Toile cintrée. H. 4ᵐ, L. 2ᵐ50.
Par Collin de Vermont. Salon de 1755, n° 19.
(Exécuté pour l'église Saint-Louis.)

L'effet général est noble et beau, les attitudes des personnages sont simples, naturelles et vraies ; les figures pleines de correction et de vie, et les sentiments qui les animent sont bien exprimés. L'architecture bien traitée est d'un style grandiose.

La scène se passe dans le vestibule du Temple de Jérusalem ; des colonnes torses, souvenir, pour le peintre, des colonnes de la Confession de saint Pierre à Rome, soutiennent l'édifice. Une jeune enfant a gravi les cinq marches du vestibule et s'agenouille sur la dernière. Sa robe est blanche, son manteau bleu tendre, ses mains sont jointes, elle est nu-tête et tourne un peu la figure ; on ne devine qu'à moitié son profil. C'est la jeune Marie. Derrière elle est Anne, sa mère, d'un âge mûr, mais belle encore. Son attitude fait comprendre qu'elle n'ignore pas le prix de l'offrande qu'elle fait au Seigneur. Un peu plus loin, Joachim, vieillard encore vigoureux, il tient un bâton et ramène un pan de son manteau.

Au bas, deux femmes échangent un regard qui sent l'interrogation et témoigne une curiosité non satisfaite encore. Une d'elles tient une cage qui renferme des tourterelles, une corbeille de fruits est près d'elle. A gauche, en haut des degrés, s'est avancé le Grand-Prêtre vêtu de riches ornements ; sa mitre est blanche, son front est ceint de la lame d'or qui porte écrit le nom de Jehovah. Plusieurs lévites l'assistent. Il se penche avec autant de respect que de bonté vers la charmante enfant ; ses bras ouverts l'invitent à se relever et à entrer dans le Temple. Deux lévites soulèvent les pans de la chape du Grand-Prêtre et font ainsi apercevoir une doublure jaune d'un bel effet.

Avant les changements faits à la Chapelle de la Sainte-Vierge, ce tableau occupait le fond de l'abside et y faisait merveilleux effet. Dans la chapelle où il se trouve aujourd'hui, il n'a point de jour favorable ;

on le voit de trop près pour pouvoir apprécier sa véritable et belle perspective.

Il est en excellent état de conservation.

Notice biographique. — L'auteur, Collin de Vermont (Hyacinthe), naquit à Versailles en 1693, fut le filleul et le meilleur élève du célèbre Rigaud. Il étudia beaucoup en Italie et revint mourir à Versailles le 16 février 1761.

Le tableau de la *Présentation* est une de ses meilleures productions.

2° Paroi de droite :

Le Christ et la Samaritaine. Toile, H. 2^m10, L. 1^m60.
Par T. Maillot, 1863.

Le Christ, en robe de couleur rosée et en manteau bleu, est assis à gauche au deuxième plan ; la Samaritaine à droite se penche en avant pour puiser de l'eau avec sa cruche de terre qu'elle tient de la main droite ; on voit dans le fond une autre femme avec un vase semblable sur la tête.

Signé T. Maillot. Salon de 1863 (r.° 1254). Donné par l'Empereur.

3° Paroi du fond. Fenêtre cintrée, médaillon ovale :

La Vierge aux Lys.

IV. Chapelle Saint-Charles.

(AUTREFOIS SAINT-CHRISTOPHE)

Cette chapelle et la suivante n'en forment qu'une seule depuis que, le 9 mars 1820, le Conseil municipal de Versailles eût décidé qu'un monument serait érigé à la mémoire du duc de Berry, né à Versailles et tombé si cruellement sous le fer d'un assassin. L'architecte Petit fut chargé de cette nouvelle disposition.

1° Paroi de droite :

Monument du duc de Berry. Marbre blanc. H. 1^m5o, L. 2^m4o.
Par Pradier (James).

La Religion tient une croix de la main gauche, et, de la droite, elle soutient le prince qui expire en demandant *grâce, grâce pour l'homme...* Ces paroles sont gravées sur la face latérale du piédestal. Sur le socle est cette dédicace :

A Charles-Ferdinand d'Artois, duc de Berry
Versailles sa ville natale en pleurs.

Les bas-reliefs du socle figurent la ville pleurant sur un tombeau, deux jeunes enfants l'accompagnent, l'un a près de lui les emblèmes de la guerre, l'autre les emblèmes des arts libéraux.

Le gouvernement de Louis-Philippe fit disparaître le groupe de Pradier et le relégua dans les magasins du Château. En 1852, il fut rétabli en sa première place ; toutefois, les plaques de marbre qui rappelaient les noms des souscripteurs ne furent point rendues, et leur emplacement reste vide sur les murs intérieurs de la chapelle.

2° Paroi de gauche :

Saint Charles en prière, toile cintrée. H. 2^m10. L. 1^m70
par Frosté, 1824.

Le saint porte la large tonsure des religieux ; il est vêtu de la robe et du manteau cardinalices, et prosterné devant un crucifix qui surmonte un prie-Dieu sur lequel il appuie ses mains jointes.

Signé : Frosté 1824. (Salon de 1824, n° 679.)

3° Paroi du fond :

La Vierge au Prétoire, toile. H. 0^m90. L. 0^m80.

La Vierge à mi-corps, la tête enveloppée d'un pli de son manteau bleu qui recouvre une coiffe blanche, est appuyée sur un pilier et soutenue par une personne derrière elle.

On lit sur le cadre l'inscription de dédicace : *La Vierge au Prétoire, par Charles Timbal. Offert à la Cathédrale de Versailles 1881.*

· 4° Deux fenêtres cintrées, médaillons ovales : *saint Charles en prière* et *saint Charles secourant les pestiférés.*

CHAPITRE IV

TRANSEPT

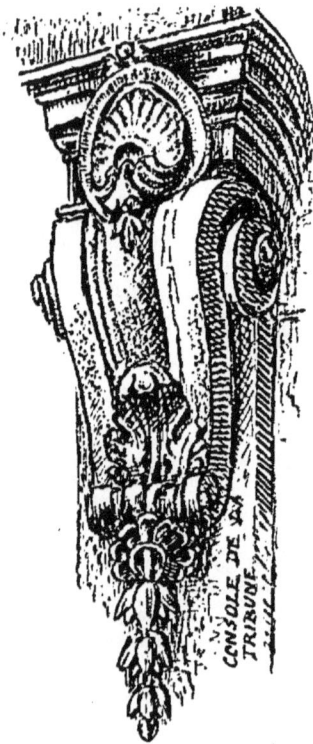

LE TRANSEPT DE 38 mètres de long sur 12 mètres de large, se termine en hémicycle à chaque extrémité. Sa voûte, exactement semblable à celle de la grande nef, est coiffée au centre d'une calotte sphérique élevée sur pendentifs, et surmontée encore d'une seconde calotte ou dôme surbaissé, dont les sculptures ne sont point achevées, les bossages en sont la preuve.

A chacune des deux absides semi-circulaires est un autel, et de chaque côté de l'autel des portes de chêne sculptées d'un bel effet, qui donnent communication avec le dehors et avec les tribunes qui sont au-dessus d'elles. Ces tribunes ont servi longtemps pour les personnes de la Cour quand nos rois habitaient Versailles, et depuis, elles furent souvent occupées par les personnages officiels dans les cérémonies publiques du dernier Empire. Nous aimons à rappeler que c'est de la tribune du N.-O. que Mgr Blanquart, ancien archevêque de Rouen, assistait chaque dimanche aux vêpres de notre Cathédrale qu'il avait tant aimée.

COTÉ GAUCHE

Chapelle de la Compassion.

Tableau d'autel :

Descente de Croix, toile cintrée. H. 4ᵐ. L. 3ᵐ30
par Pierre J.-B.-Marie. (Salon de 1761, n° 11).

Jésus, Marie et Madeleine sont les acteurs principaux de la scène douloureuse du Calvaire. Le corps de Jésus est détaché de la croix et remis à sa mère ; mais Marie tombe sans connaissance près du corps inanimé de son fils. Madeleine à genoux soutient d'un côté la Vierge défaillante, dont la tête vient presque toucher la poitrine de la pénitente. Une autre femme, une de celles qui n'abandonnèrent pas le Sauveur, soutient Marie de l'autre côté.

Un jeune homme, saint Jean, profondément ému, s'appuie d'une main à l'échelle dressée contre la croix. Un homme âgé déjà, Joseph d'Arimathie, qui a demandé à Pilate que le corps de Jésus lui soit remis, développe le suaire qui va servir pour l'ensevelissement. Deux autres figures se perdent à gauche dans le coin de la toile.

En avant, au premier plan, est la couronne d'épines et le large bassin dont l'eau a servi à laver le corps sacré du Sauveur.

Nous permet-on de faire un peu le procès du peintre, en réclamant, pour la reproduction de semblables scènes, ou la croyance complète au fait que l'on veut reproduire, ou du moins l'étude de la vaste tradition de l'art chrétien ? Faute d'avoir consulté le texte évangélique, où il est dit que la sainte Vierge se tenait debout devant le corps de son Fils, l'auteur, avec beaucoup d'autres, la représente comme une femme ordinaire, privée de tout sentiment, et officieusement soutenue par d'autres femmes aux pieds de son Fils immolé. Benoit XIV affirme qu'un maître du sacré palais, à Rome, avait ordonné qu'on enlevât ces peintures sans intelligence, disait-il, et qui donnaient une idée si fausse de la sublime résignation de Marie.

Nous n'oserions pas attaquer le coloris, le *faire*, la belle exécution du peintre, mais nous n'osons pas non plus approuver sans réserve l'interprétation de son sujet.

Notice biographique. — Pierre Jean-Baptiste-Marie, né en 1713, mourut en 1789. Sa carrière d'artiste fut brillante, les études qu'il fit à Rome préparèrent la restauration de la peinture en France. Ses meilleurs tableaux sont à Saint-Sulpice, à Saint-Germain-des-Prés, à Saint-Roch à Paris, à Notre-Dame et à Saint-Louis de Versailles.

COTÉ DROIT

Chapelle de la Nativité.

Tableau d'autel :

Adoration des Bergers, toile cintrée. H. 4ᵐ. L. 3ᵐ30, encore dans son cadre primitif.

Signé : Restout, 1761.

Dans cette œuvre magistrale, la dernière qu'exécuta son pinceau, Restout n'a pas voulu peindre la scène exacte de Bethléem. Sous son inspiration, le Dieu Sauveur ne prendra pas naissance dans la grotte basse, étroite, que nous voyons aujourd'hui encore au sommet de la sainte montagne. Il écarte également ces ruines d'édifices antiques dont tant de peintres et des plus grands maîtres ont fait le berceau de l'Enfant-Dieu. Restout veut quelque chose qui soit exclusivement de lui.

C'est au milieu de la nuit, et ses ombres épaisses semblent peser sur la scène touchante de l'adoration. Mais les rayons puissants qui s'échappent de la tête du nouveau-né élèvent l'obscurité des nuages, ils les refoulent, on dirait qu'ils les creusent pour former une grotte d'un nouveau genre.

Un ange, plein de mouvement et de grâce, s'échappe de la partie supérieure, atteint la clarté du ciel et développe au vent la banderolle qu'il tient des deux mains et sur laquelle on lit : *Gloria,*

Le Sauveur est couché dans la crèche ; Joseph, à genoux, l'adore ; la Vierge, fortement éclairée par les rayons de l'enfant, le découvre aux yeux des bergers. A droite, au premier plan, sont trois jeunes filles ; l'une apporte des œufs, sa compagne détourne un peu la tête, on croirait que la vive clarté l'y oblige ; la dernière exprime naïvement que cet enfant lui semble beau.

Derrière les jeunes filles sont deux bergers, dont l'un joue de la musette ; deux autres, dont l'un profondément prosterné, l'autre debout appuyé sur son bâton, expriment clairement leur étonnement et leur pieuse admiration.

Au bas du tableau, sur le devant, sont un panier, une houlette et la signature de Restout, 1761.

Notice biographique. — Restout (Jean), né à Rouen, 1692, mourut à Paris, en 1768. Élève et neveu de Jouvenet, il eut de son temps une grande réputation, bien qu'on puisse lui reprocher, malgré ses qualités réelles, certaine exagération dans les procédés d'exécution, la manière lâchée et le coloris un peu roux et brûlé. Il fut tour à tour professeur, directeur et chancelier de l'Académie de peinture. Il a exécuté un grand nombre de tableaux religieux, celui que nous avons étudié est son dernier ouvrage.

Les fenêtres du clair-étage au transept sont au nombre de dix, cinq dans chacun des bras ; deux seulement ont des vitraux de couleur. A droite, la Foi et l'Espérance ; à gauche, la Religion et la Charité.

CLEF D'ARC DU CHŒUR

CHAPITRE V

CHŒUR

La grille qui sépare le chœur du transept est de date assez récente. Un premier projet avait été adopté en 1824 par l'administration fabricienne, reproduit en 1828 avec les modifications demandées par le ministère.

Nous avons aux archives les dessins de ce premier projet ; un très riche écusson de saint Louis devait orner les vantaux des portes d'entrée.

Un troisième projet, moins dispendieux, fut présenté en 1834, son devis s'élevait à 12,600 francs ; il fut autorisé, et, avec le temps, il fut exécuté tel qu'il est aujourd'hui.

De chaque côté du chœur sont trente-neuf stalles, vingt-deux en haut, dix-sept en bas, de belle menuiserie, toutes d'exécution similaire ; les *miséricordes* de ces soixante-dix-huit stalles reposent sur un nœud d'acanthe.

L'orgue d'accompagnement, de bonne facture, est à gauche.

Trône épiscopal. — Le trône épiscopal fait à la hâte de débris anciens, sans cachet et sans aucune solidité, était hors de service. En 1827, à la mort de Mgr Charrier de la Roche, les vicaires capitulaires rédigèrent le devis des ouvrages et fournitures relatifs à l'établissement du nouveau siège. Mgr Borderies, installé dans l'intervalle, fut appelé à donner son avis, et le ministre en ordonna l'exécution. La soumission fut souscrite par le sieur Morel, tapissier de la cathédrale.

Caveau funéraire. — Sous le chœur est le caveau funéraire qui, de 1754 à 1790, reçut la dépouille mortelle de dix-sept prêtres, missionnaires de Saint-Lazare, qui ont si saintement évangélisé le peuple qui leur était confié.

Je n'ai point trouvé au registre des Obituaires l'inhumation de M. Rance, premier curé de la nouvelle église, et mort l'année même de la bénédiction qu'il en fit, avant l'entier achèvement des travaux.

M. Baiet est le seul curé dont le corps soit déposé dans la crypte, les autres personnes sont des prêtres ayant fait les fonctions curiales à titre de vicaires. Aujourd'hui, tous leurs ossements sont recueillis et confondus dans un même cercueil déposé dans une des cases récemment construites dans le caveau.

Depuis la Révolution, la crypte n'a plus reçu que les corps de nos vénérés évêques :

1° Le 17 mars 1827, Mgr Louis Charrier de la Roche.

2° Le 4 août 1832, Mgr Etienne-Jean-François Borderies.

(Le corps de Mgr Louis-Marie-Edmond Blanquart de Bailleul fut rendu au diocèse de Rouen). Il était mort à Versailles, le 30 décembre 1868.

3° Le 13 décembre 1857, Mgr Jean-Nicaise Gros.

4° En mai 1877, Mgr Jean-Pierre Mabile, mort à Rome le 8 mai.

Vitraux.

Les fenêtres du clair-étage, dans le chœur, sont garnies de verrières provenant de la manufacture de Lobin de Tours. A gauche :

saint Pierre, saint Luc, saint Matthieu, saint Louis, roi ; à droite :
saint Paul, saint Jean, saint Marc, saint Julien, premier patron. A la
fenêtre absidale : Jésus : *Ego sum via, veritas et vita.* Je suis la voie,
la vérité et la vie.

BAS-COTÉ GAUCHE

La Révolution a rendu nécessaires de grandes restaurations dans
le pourtour du chœur. Presque toutes les chapelles collatérales, si
richement dessinées par Trouard, ont été refaites par l'architecte
Douchain. Plusieurs autels et leurs rétables, quelques confession-
naux, les boiseries qui revêtent les parois intérieures, ne manquent
pàs d'une certaine élégance ; le style grec en est très varié.

I. Chapelle sans vocable

SERVANT DE COMMUNICATION AVEC LA CHAPELLE DES CATÉCHISMES

Depuis l'année 1850, la porte d'entrée qui se trouvait à l'extrémité
du transept a été reportée dans cette chapelle.

Paroi de droite :

L'*Ecce homo.* Marbre, H. 1^m85.
Par M. Ottin (Auguste-Léon-Marie).

Notre-Seigneur est représenté debout, la tête ceinte de la couronne d'épines, les mains attachées par devant. Il a sur les épaules le
manteau que les soldats lui ont jeté par dérision.

La statue paraît écrasée, la **trop** grande élévation du socle pourrait
bien en être cause.

II. Chapelle de saint François de Sales.

Tableau d'autel :

> *Saint François de Sales*. Toile, H. 1ᵐ90. L. 1ᵐ20.
> Par Bigand.

Le saint, vu de face, est debout, il porte la barbe taillée comme de son temps, il a le rochet de dentelle, la mosette violette, la croix épiscopale est retenue par un ruban bleu. Sa tête est entourée d'un nimbe, il tient une corde de religieux de la main droite, la gauche est sur son cœur ; plusieurs livres sont à ses pieds.

Signé : G. A. Bigand. (Salon de 1840, n° 100.) Donné par l'auteur.

Paroi du fond : — Fenêtre cintrée, verrière, médaillon ovale : *Saint François de Sales.*

III. Chapelle de saint Vincent de Paul.

Tableau :

> *Saint Vincent de Paul prêchant*. Toile cintrée, H. 2ᵐ60. L. 1ᵐ60.
> Signé : Hallé 1761.

Saint Vincent de Paul est en chaire, à la fin de son discours, car il a la barrette en main ; on l'écoute avec grand intérêt. Ses auditeurs sont de tous les rangs, et la noblesse surtout est présente. Combien de modèles pris sur nature dans cette toile! On pourrait presque indiquer les noms de certains personnages du temps.

Le peintre entend bien les règles de la perspective, les lignes de l'architecture, sa composition en est la preuve. Quiconque aime préciser le lieu, le temps où se passe la scène qu'il examine, qui l'intéresse, est satisfait ici, le doute n'est point possible, c'est saint Étienne du Mont, du temps de Louis XV. (Salon de 1761, n° 17.)

Notice biographique. — Hallé (Noël), né à Paris en 1711, mourut en 1781. Il remporta le grand prix, fut nommé membre de l'Académie des Beaux-Arts, directeur des manufactures de tapisseries. Le tableau que nous avons de lui est un de ses meilleurs ouvrages.

La paroi du fond est une fenêtre cintrée, médaillon ovale : *Saint Vincent de Paul recueillant un enfant abandonné.*

IV. Chapelle du Sacré-Cœur.

Tableau d'autel :

Adoration du Sacré-Cœur. Toile cintrée, H. 2ᵐ30. L. 1ᵐ20.
Par Etienne Jeaurat.
(Donné par Louis XV.)

Au sommet est le triangle symbolique où se lit nom de Jehovah, au-dessous un cœur enflammé, celui de Notre-Seigneur qui rayonne et éclaire toute la composition. Huit petits anges, quatre de chaque côté, portent les instruments de la passion, la colonne, les verges, l'éponge, le marteau, les tenailles, l'échelle et la croix ; un petit ange élève entre ses mains la couronne d'épines et les clous. Ce sont les preuves de l'amour de Dieu pour les hommes, et aussi de l'ingratitude des hommes pour Dieu.

Plus bas, l'Agneau est immolé sur le Livre des sept sceaux, qui repose sur un autel où sont écrits ces mots : *Sic nos dilexit.* Au pied se tiennent deux anges à genoux dans l'attitude de l'adoration et de l'amour.

Notice biographique. — Jeaurat (Etienne), né à Paris, 1690. Tous les honneurs de l'Académie lui furent décernés ; il en était le doyen, quand il mourut à Versailles, en 1789. Son talent s'exerce surtout dans la peinture de genre ; nous en trouvons peu dans le style de celui que nous venons d'étudier.

Paroi du fond : — Fenêtre cintrée, médaillon ovale : *Adoration du Sacré-Cœur.*

V. Chapelle de saint Joseph.

Tableau d'autel :

Songe de saint Joseph. Toile cintrée, H. 2ᵐ30. L. 1ᵐ30.
Par Jeaurat (Étienne). (Salon de 1761, nᵉ 10.)
(Donné par Louis XV.)

« Levez-vous, dit un ange à saint Joseph. (S. Matt. c. ii.) » Saint Joseph est à demi couché, vêtu d'une longe robe et d'un manteau, ses pieds qui reposent à terre sont chaussés de sandales. Le bras droit est sur son genou, l'autre soutient la tête, il semble dormir ou méditer. A ses pieds sont ses outils de charpentier.

Au-dessus de lui, un ange porté sur un nuage étend ses longues ailes; le mouvement du bras, les lèvres entr'ouvertes, indiquent qu'il communique à Joseph l'ordre du ciel.

A gauche, un peu en arrière, la Vierge contemple affectueusement son enfant endormi; elle soulève légèrement l'oreiller sur lequel il repose, écarte un peu le linge qui couvre sa poitrine. La scène est dans un édifice en ruines, à demi garanti par une pauvre toiture. Aux pieds de Marie est la corbeille qui montre quelles sont ses occupations.

Paroi du fond : — Fenêtre cintrée, médaillon ovale : *Mort de saint Joseph.*

BAS-COTÉ DROIT

Les deux premières travées font partie de la sacristie.

I: Chapelle du Bon Pasteur.

Tableau d'autel :

Le Bon Pasteur, toile cintrée. H. 2ᵐ10. L. 1ᵐ10
par Gauthier (Charles-Guillaume), d'après l'inventaire. Époque de la Restauration.

En robe rouge et manteau bleu, Notre Seigneur s'avance dans un paysage éclairé par un soleil couchant. Il a une croix dans la main droite ; de la gauche il tient les pattes d'un agneau qui repose sur ses épaules. On aperçoit, à gauche, dans le lointain, les murs de la ville.

Avant la Révolution, il y avait à cette chapelle un des meilleurs ouvrages d'Eustache Le Sueur, *Le Bon Pasteur*, qui décorait autrefois l'autel de Port-Royal-des-Champs.

La boiserie d'encadrement, d'ordre corinthien, qui fait le retable, est d'un bel effet.

Paroi du fond. Fenêtre cintrée, médaillon ovale · *Le bon Pasteur et la brebis au milieu des épines.*

II. Chapelle Saint-Louis.

Tableau d'autel :

Saint Louis en prière, toile cintrée. H. 2m3o. L. 1m3o.
Signé : Lemoyne, 1727.

La date de 1727 indique quelle fut de tout temps la destination de ce tableau. Déjà, dès le mois d'avril de cette année, on disait la messe dans la nouvelle église, on y faisait les inhumations. Louis XV avait commandé le tableau de son saint Patron pour cette succursale, et il lui en avait fait présent. Mais cette église devenant bien vite insuffisante, Hardouin Mansart fut chargé de la construction de celle qui devait être notre cathédrale. En 1754, elle fut livrée au culte, et le tableau de Lemoyne, rapporté de l'ancienne église, fut replacé avec son cadre primitif au-dessus de l'autel dédié à saint Louis.

Pour le sauver du vandalisme aux jours de la Révolution, on imagina de badigeonner les fleurs de lys du manteau royal et du coussin (1).

---

(1) D'après nos documents, on fit grand bruit, même après 1830, pour que la Fabrique fît disparaître de l'église les fleurs de lys qui se trouvaient sur ses

Malgré cette précaution, le tableau fut enlevé en 1793, transporté au Musée central où il resta jusqu'en 1802, époque à laquelle il nous fut rendu. L'inventaire du Louvre, sur lequel il figure, le dit *peint sur ardoise*. Comme le fait n'est point exact, il nous est permis de dire qu'il y a confusion.

Saint Louis est à genoux sur les marches d'un autel et paraît plongé dans l'extase profonde que lui cause la vive lumière qui s'échappe de la croix et de la couronne d'épines qu'il a sous les yeux. Il est en grand costume royal, l'épée au côté, le manteau de velours bleu fleurdelysé, en culotte de satin blanc et en bas de soie de même couleur; le coussin bleu sur lequel il s'agenouille est pareillement semé de fleurs de lys. Au-dessus de sa tête sont des anges dans diverses attitudes, des nuages garnissent le fond de la toile et laissent voir seulement les bases des colonnes grecques qui supportent les voûtes d'une chapelle; sur une des marches de l'autel on lit le nom de F. Lemoyne, 1727.

S'il nous était permis de juger ce tableau, nous dirions que, tout en reconnaissant en lui les belles qualités du maître, nous ne le trouvons pas sans défaut. Le coloris est frais, séduisant ; nous admirons ces petits anges qui se jouent dans le ciel ; mais l'agencement n'est pas toujours heureux, et les formes paraissent quelquefois maniérées. Si nous ne savions que Lemoyne a dû se plier aux exigences du temps, être courtisan pour plaire au maître qui commandait cette œuvre, nous dirions que Lemoyne s'est trompé. Son saint Louis n'est pas le Louis IX des chroniqueurs; il n'en a ni l'ensemble, ni le costume, ni surtout la simplicité. J'aime mieux le rêver comme le dépeint sire de Joinville : *d'une cotte de camelot vêtu, d'un surcot de tiretaine et d'un mantel par dessus de sandal noir.*

Note biographique. -- Lemoyne Fr...çis naquit à Paris en 1688,

---

ornements, ses vases, ses boiseries, sur le baudrier du suisse, sur les magnifiques cadres de la sacristie, etc. C'était, paraît-il, des traces dangereuses d'un régime tombé ! On acheva de briser à la même époque les fleurs de lys qui, à l'extérieur, forment le point central des chapiteaux ioniques.

de parents fort pauvres ; il se forma presque seul en étudiant le Guide et Pierre de Cortone. En 1718, il fut reçu à l'Académie royale de peinture.

Sa carrière promettait d'être brillante, mais des chagrins de famille lui donnèrent une humeur noire qui se changea en fièvre chaude, puis la folie furieuse le poussa au suicide en 1737 ; il avait 49 ans.

Paroi du fond. — Fenêtre cintrée, médaillon ovale : *Saint Louis sous le chêne de Vincennes*.

III. Chapelle Saint-Jean-Baptiste.

Tableau d'autel :

Saint Jean-Baptiste prêchant au désert, toile cintrée. H. 2ᵐ3o. L. 1ᵐ3o par Boucher François.

Saint Jean-Baptiste, précurseur de Notre Seigneur, annonce au peuple qu'il ait à faire pénitence pour la rémission des péchés. Il parle avec autorité quand il s'adresse aux Pharisiens, aux publicains, aux soldats ; avec plus de douceur quand il s'adresse au reste du peuple qui l'entoure ; on voit qu'il attire, qu'il étonne et qu'on l'aime.

Il est debout sur un tertre de gazon, appuyé sur une longue croix de bois ornée d'une banderolle blanche où se lit la légende : *Ecce Agnus Dei*. Sa main droite est levée vers le ciel. Au premier plan, à gauche, un homme assis semble dans l'admiration. Derrière lui, un homme vêtu d'une longue robe, coiffé d'une toque rouge s'avance avec respect ; il tient des papiers, la Bible peut-être, et s'appuie sur un bâton.

A droite est une femme vêtue de blanc ; elle est vue de trois quarts ; vis-à-vis d'elle est un enfant sur les genoux de sa mère. — Ne cherchons pas trop ici la couleur locale ; ces délicieuses figures de femmes ne sont pas des Juives du temps de saint Jean, mais bien de très jolies Françaises du temps de Louis XV et de Boucher.

La première soutient un enfant qui s'endort et impose du doigt silence au premier enfant dont nous avons parlé.

Le fond du tableau est un de ces beaux ciels que Boucher aime à peindre et qu'il encadre de nuages dans lesquels il sème de jolies têtes d'anges.

Le personnage principal ne mérite certainement pas autant d'éloges; on dirait que les pinceaux de Boucher ne sont pas faits pour des sujets aussi sévères. L'agneau qui figure le Christ est auprès du Précurseur. Comme accessoires, on remarque sur le devant de la toile, à droite, une draperie jetée négligemment, un bourdon de pèlerin avec sa gourde; à gauche est une tête de chien de très bon effet.

Notice biographique. — Boucher, François, fut un des élèves de Lemoyne (?). Il naquit en 1704 et mourut en 1770. Il obtint d'aller à Rome et eut à son retour une grande vogue dans la haute société, devint le peintre à la mode et succéda à Carle Vanloo comme premier peintre du roi. « On l'accuse justement, dit Bouillet dans son dictionnaire, d'avoir corrompu l'art; ses tableaux, qui ne représentent que des amours, des bergers ou des scènes de plaisir, trahissent le mauvais goût et les mœurs dépravées de l'époque. Ils sont peu estimés aujourd'hui. »

Nous laissons à l'auteur de la critique toute la responsabilité de son jugement, qui ne peut d'ailleurs s'appliquer entièrement aux toiles que nous avons de Boucher.

Paroi du fond. Fenêtre cintrée, médaillon ovale :

Saint Jean-Baptiste.

N.-B. — Nous avons emprunté quelques détails de cette critique à l'intéressant ouvrage de M. Barthélemy.

Dans le caveau de cette chapelle a été déposé le corps de M. du Muy, directeur des économats et spécialement chargé des travaux de notre église. La pierre qui en recouvre l'entrée est en partie cachée par le confessionnal; la partie visible a été mutilée et l'inscription effacée.

Nous donnons ici copie de l'acte officiel du transfert du défunt, de Notre-Dame où il est mort, à l'église Saint-Louis où eut lieu l'inhumation :

L'an 1759, le 24ᵉ jour du mois d'aoust, haut et puissant seigneur Messire Jean-Baptiste de Félix, chevalier comte de la Reynarde, seigneur marquis du Muy, la Roquette, Marsan, seigneur comte de Grignon, Montségur, Colonzelle, Chamaret, Clausaye, Reauville, Chantemerle et autres lieux, conseiller d'État d'épée, commandant pour Sa Majesté en Provence, premier sous-gouverneur de Monseigneur le Dauphin, premier maître d'hôtel de Madame la Dauphine, directeur général des Économats, âgé de quatre-vingt-deux ans et cinq mois, a été rapporté en cette Église e résenté par le clergé de la paroisse de Notre-Dame, sur laquelle il est décédé hier et a été inhumé dans le caveau de la chapelle de Saint-Jean-Baptiste, la première à droite de celle de la Sainte Vierge, par nous soussigné, curé, en présence de Messire Joseph-Tancrède de Félix, marquis du Muy, lieutenant général des armées du Roy, sous-lieutenant de la ville d'Antibes, premier maître d'hôtel de Madame la Dauphine, fils du défunt, de Monseigneur Louis-Sextius de Jarente, évêque d'Orléans, de Messire de Bausset, écuyer, neveu du défunt, de Messire l'abbé de Saint-Cyr, sous-précepteur de Monseigneur le Dauphin, de Messⁱ l'abbé de Frischman et de Mʳ Pierre-Sébastien Marchal, receveur général des économats qui ont signé avec nous.

De Félix du Muy, L., évêq. d'Orléans, Bausset, Marchal de Saint-Cyr, l'abbé de Frischman,

Baret, curé.

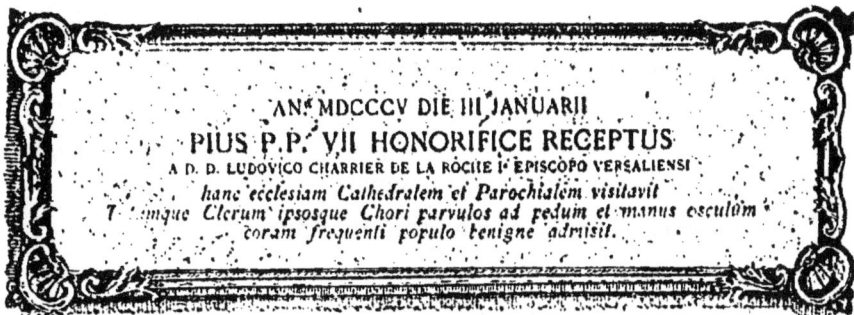

CHAPITRE VI

CHAPELLE ABSIDALE DE LA SAINTE VIERGE

Cette chapelle, en rotonde de treize mètres de diamètre, s'appuie directement sur le mur du sanctuaire; ainsi le bas-côté ne continue pas derrière le chœur, mais la partie inférieure de la chapelle restant libre, rien ne semble manquer au déambulatoire et la circulation est possible quand même autour de l'église.

Le marquis du Muy, directeur des Économats, effrayé de la dépense déjà faite pour les fondations de l'édifice, exigea la suppression du bas-côté et l'adossement immédiat de la chapelle contre le chevet (1).

De là, ajoutent quelques critiques, résulte l'effet désagréable de certains raccordements des cintres dans les bas-côtés au tournant du rond-point.

La coupole qui coiffe la chapelle est percée d'un large *oculus* qui, avec les deux fenêtres qui accostent l'autel, donne un jour suffisant.

Ici, les détails de l'architecture sont plus riches que dans le reste de l'église; le style ionique fait place au corinthien et les cartouches qui forment la clef des huit arcades rappellent dans leurs sujets quelques symboles mystiques de la Vierge Marie.

---

(1) On a prétendu que Letellier, entrepreneur des travaux de l'église, avait mis à profit les pierres que la suppression faite par du Muy rendait inutiles et qu'il en avait construit le pavillon Letellier, aujourd'hui Grand Séminaire; aussi disait-on qu'il l'*avait bâti de rognures*.

L'autel de marbre, d'un très beau style Louis XV, si gracieusement contourné, est de brèche violette encadré de sarancolin ; il a
quatre mètres de longueur. — Son tabernacle, de bleu aspin, est
riche de forme, plus riche encore par l'élégance des bronzes dorés qui
le décorent et en font un chef-d'œuvre.

Une jolie balustrade de marbre enferme le sanctuaire.

Aujourd'hui, cette chapelle de la Vierge pourrait s'appeler chapelle de la Reconnaissance, puisque deux tables de marbre, de vert
Campan, placées sous les verrières, rappellent deux faits que Versailles ne saurait oublier.

A gauche est l'attestation de la protection visible que la Sainte
Vierge donna à la ville lors de l'épidémie cholérique de 1832 et
l'offrande de l'*ex voto* de la ville reconnaissante.

On lit :

MARIÆ AUXILIATRICI

OB SERVATAM A CONTAGIONE A. MDCCCXXXII

HANC STATUAM MARMOREAM

MEMOR ET PIUS FIDELIUM ANIMUS EREXIT

TOTUMQUE SACELLUM A. MDCCCXLVII DECORAVIT (1).

La statue de marbre dont il s'agit est celle que nous voyons
au-dessus de l'autel.

La Vierge et l'Enfant Jésus. Groupe. H. 1^m85.
Par Malknecht (Dominique), 1847.

La Vierge, entourée de rayons et de nuages dorés, a les yeux
tournés vers la terre ; elle tient Jésus sur son bras gauche ; le bras
droit est replié sur la poitrine de l'enfant.

Autrefois, l'arcade où se trouve ce groupe encadrait le tableau de
la Présentation que nous avons étudié dans les bas-côtés de la nef.

---

(1) A Marie Auxiliatrice, en témoignage de leur préservation de la contagion
en 1832, les fidèles habitants, dans leur piété et leur reconnaissance, ont érigé
cette statue de marbre et décoré entièrement cette chapelle en 1847.

De chaque côté de l'autel, sur le pilastre de droite et de gauche est un *ex voto* de moindre importance, mais qui témoigne de la même confiance et de la même protection. L'un est l'emblème du Sacré-Cœur de Jésus entouré d'épines qui renferme un acte de consécration au Sacré-Cœur; l'autre du Saint Cœur de Marie entouré de lys qui contient une longue liste de personnes qui se dévouent à Notre-Dame de Bon-Secours. Mgr Blanquart est en tête de ces pieuses et nobles familles.

La table de droite témoigne d'un fait d'un ordre moins relevé, mais il ne peut être passé sous silence, et bien des personnes me sauront gré de l'avoir signalé et de le rappeler ici. Nous lisons gravé sur le marbre :

AN. MDCCCV DIE III JANUARII

PIUS P. P. VII HONORIFICE EXCEPTUS

A D. D. LUD. CHARRIER DE LA ROCHE I° EPISCOPO VERSALIENSI

hanc ecclesiam Cathedralem et Parochialem visitavit
Totumque Clerum, ipsosque Chori puerulos ad pedum et manus osculum
Coram frequenti populo benigne admisit (1).

C'est l'abrégé du procès-verbal que nous trouvons aux registres de paroisse, et dont je donne volontiers ici la traduction :

« L'an de grâce 1805, le 3 janvier, le Souverain Pontife Pie VII daigna visiter notre église cathédrale et paroissiale de Saint-Louis de Versailles. Comme il entrait dans l'église, notre vénérable évêque Louis Charrier de la Roche, accompagné de tout le clergé de la ville, vint à sa rencontre et lui adressa la parole, en français et avec cette éloquence qui lui est familière. Après ce discours, le Souverain Pontife s'avança jusqu'au milieu du chœur, s'agenouilla, et pendant

---

(1) L'an 1805, le 3 janvier, le Souverain Pontife Pie VII, reçu avec honneur par Mgr Charrier de la Roche, premier évêque de Versailles, a visité cette église cathédrale et paroissiale. En présence d'une foule considérable, il a daigné admettre au baiser des pieds et de la main tout le clergé, même les petits enfants de chœur.

quelque temps adora le Très Saint Sacrement. On chanta les prières ordinaires, le *Tu es Petrus* tout d'abord, puis notre Révérendissime évêque donna la bénédiction. Le sanctuaire fut alors fermé, et le Souverain Pontife monta sur le trône préparé, élevé de sept degrés, et admit le clergé au baiser des pieds et de l'anneau, sans excepter les petits enfants de chœur auxquels il souriait avec une affection paternelle, disons mieux, *toute maternelle*. Ensuite, comme la basilique était trop petite pour l'immense quantité de personnes accourues à cette fête, le Saint-Père, traversant à grande peine toute cette foule, se rendit au palais impérial où, du balcon qui regarde les jardins, vêtu de ses ornements pontificaux, il donna sa bénédiction à ce peuple immense qui, lui aussi, le bénira toujours.

« Pour conserver la mémoire de ces faits, j'ai voulu qu'ils fussent consignés sur le Registre des baptêmes, selon ce qui est dit : « *Que ces choses soient écrites pour en instruire les autres races, afin que le peuple qui viendra après nous loue le Seigneur.* (Ps. ci, v. 19.)

GANDOLPHE, curé de Saint-Louis de Versailles (1).

La décoration promise par la première table de marbre fut continuée en 1848.

---

(1) Procès-verbal de la visite de Pie VII d'après les registres de la Cathédrale :

Anno reparatæ salutis humanæ millesimo octogentesimo quinto, die tertia januarii, Summus Pontifex Pius VII, hanc nostram Sancti Ludovici Versaliensis Cathedralem ac Parochialem Ecclesiam sua visitatione dignavit. Ipsi Ecclesiam intranti occurrit cum toto civitatis clero venerabilis antistes noster Ludovicus Charrier de la Roche qui eum gallice et more suo disertissime allocutus est. Post peractam orationem perrexit Summus Pontifex usque ad medium chori, ubi genuflexus, aliquandiu Sanctissimum adoravit Sacramentum. Cantatæ sunt preces quarum prima *Tu es Petrus*, et benedictio data est à Reverendissimo Episcopo. Tum clauso Sanctissimo solium ascendit Summus Pontifex, ex quo septem gradibus supereminens ad osculum pedum et annuli Clerum admisit, ne quidem exceptis chori parvulis, quibus cum paterno, vel potiùs materno affectu subrisit. His peractis quoniam nimis arcta fuerat Basilica propter immensum populum qui venerat ad solemnitatem, sese non sine maximo labore à turbâ expediens, in imperatorias œdes sese contulit in quibus ex alto podio quod hortos respicit pontificalibus indutus vestimentis, immenso populo benedixit à quo in æternùm benedicetur.

Quorum omnium ut servaretur memoria, volui ut ea in hoc Nativitatum codice referrentur, juxtà quod scriptum est : *Scribantur hæc in generatione alterâ et populus qui creabitur laudabit Dominum.*

H. GANDOLPHE, pastor Sancti Ludovici Versaliensis.

Deux belles verrières furent exécutées à la manufacture de Sèvres par M. Favre, sur les cartons d'Achille Deveria, comme nous le lisons au bas de chaque vitrail.

L'un rappelle le mystère de l'*Annonciation*. L'ange Gabriel vient trouver la Vierge en prières ; le Père céleste est dans le haut appuyé sur les anges ; le Saint-Esprit inonde la Vierge de ses rayons de feu.

Dans l'autre verrière est le mystère de l'*Assomption*. Les anges emportent *Marie au ciel* ; les Apôtres assemblés autour du tombeau ouvert n'y trouvent plus que le linceul et des fleurs.

Dans l'arcade suivante, de chaque côté, Mansart avait sans doute réservé l'emplacement d'une statue, car le mur fait recul en forme de niche et le tableau de pierre qui surmonte l'entablement indiquerait la pensée d'y sculpter un bas-relief. Aujourd'hui le tableau de pierre attend encore ses rondes bosses, mais la baie au-dessous est remplie par deux groupes de terre cuite, d'un côté *la Vierge au Rosaire*, de l'autre *l'Apparition du Sacré-Cœur* à Marguerite-Marie.

Sous la chapelle de la Sainte-Vierge est une crypte de belle structure ; sa voûte circulaire s'appuie sur un pilier central ; on y parvient par une pente douce dont l'accès est fermé par trois dalles dans le latéral droit. Elle a servi quelquefois de caveau provisoire pour les sépultures, comme nous le relevons dans nos registres, entre autres pour Mme la comtesse de la Luzerne et pour un prince de Montholon.

CHAPITRE VII

SACRISTIE

1° Au-dessus de la porte d'entrée :

La Vierge et l'Enfant, copie de Murillo, non encadrée.
H. 1ᵐ48. L. 1ᵐ.

La Vierge est vêtue d'une robe rouge, son manteau bleu est doublé de jaune, une draperie blanche est sur ses épaules. Elle tient l'enfant assis sur son genou gauche. L'enfant, vêtu d'une légère robe blanche, a dans ses mains un chapelet, ; non pas le chapelet que tout oriental égrène machinalement, mais le chapelet divisé par dizaines et terminé par une croix. Singulière fantaisie du grand peintre !

2° *Saint Jean-Baptiste*, toile. H. 2ᵐ20. L. 1ᵐ40.
(Ecole italienne, fin du xvııᵉ siècle.)

De grandeur naturelle, en pied, nu, à l'exception d'une peau qui lui entoure les reins. La large draperie rouge qui flotte au vent derrière lui est à peine fixée sur son épaule gauche. Il tient d'une main un roseau formant croix et surmonté de la banderolle de l'*Ecce Agnus*. A sa droite est un mouton, à sa gauche sont les ruines d'un édifice à pilastres cannelés.

3° *Saint Augustin*, toile. H. 2ᵐ20. L. 1ᵐ40
par Monnet Charles.

Saint Augustin, assis, est revêtu sur son aube blanche d'une chape rouge avec orfrois jaunes. (Pourquoi donc Monnet a-t-il choisi la chape la plus moderne de son temps pour en revêtir l'évêque d'Hippone?) Il travaille à son livre de la *Cité de Dieu*; il lit dans le ciel et écrit sur le livre qu'un ange debout tient devant lui.

Cette toile a mérité à son auteur d'être admis à l'Académie de peinture.

Le cadre, garni aux angles de fleurs de lys, est très richement sculpté et doré; il est de l'époque de Louis XV.

4° *Saint Christophe portant l'Enfant-Jésus,*
par Vien Joseph-Marie (autrefois à l'autel Saint-Christophe).

L'artiste est sorti de la légende, si vraiment il a voulu représenter saint Christophe. Sans discuter le talent, que l'on dit incontestable, nous pourrions trouver que cette scène n'est point vraie. Le petit Jésus ne pèse pas lourd sur l'épaule du géant, le torrent n'est point rapide et n'écume que très peu, le géant a dû le traverser sans peine; d'ailleurs n'est-ce pas un pont qui se trouve tout proche du gué qui a servi de passage? Le chemin dans lequel saint Christophe s'engage va en montant; il s'appuie sur un bâton qui vient de fleurir en ses mains.

Note biographique. — Vien (Joseph-Marie), né à Montpellier en 1716, mourut en 1809. Il fut un des grands peintres du siècle dernier.

5° *Saint Jérôme écrivant sur la mort*, toile. H. 2ᵐ20. L. 1ᵐ40,
par Deshayes J.-B. (Salon de 1765, n° 32.)

Saint Jérôme n'est qu'à demi couvert par une draperie rouge jetée au hasard. Le son de la trompette de l'ange qui vole au-dessus de lui l'étonne; il se rejette en arrière, cesse d'écrire et regarde; plusieurs livres sont à ses pieds. Le lion que lui donne la légende est couché devant lui à droite.

Le très beau cadre fait le pendant de celui de saint Augustin, dont nous avons parlé plus haut.

Nous avons donné quelques mots sur la notice biographique de Deshayes en examinant *Saint Pierre aux liens.*

6º *Résurrection du fils de la veuve de Naïm*, toile. H. 4ᵐ50. L. 2ᵐ90.
par Jouvenet Jean, 1708.

(Ce tableau demeura placé jusqu'en 1792 dans la chapelle des
Récollets (1) de Versailles, pour lesquels il avait été fait. En 1802,
d'après l'*Inventaire du Louvre*, il fut donné à la Cathédrale de Versailles.) Jouvenet, habitué aux grandes pages évangéliques, a su traiter
son sujet en maître. Hyacinthe Rigaud en regarde la composition
comme touchant au sublime. Les sujets sont de grandeur naturelle.

Les porteurs du mort se sont arrêtés à la voix de Notre Seigneur ;
vêtus de couleur sombre, ils rappellent par leur expression de figure
les Récollets pour lesquels Jouvenet a peint cette toile. En rassemblant
nos souvenirs, nous retrouvons ici les mêmes personnages que dans
la série des quatre tableaux de 1702. On sait que dans les magnifiques
scènes de la *Résurrection de Lazare*, des *Vendeurs chassés du temple*,
de *Madeleine chez Simon le lépreux* et de la *Pêche miraculeuse*, qui
composaient cette série, Jouvenet avait mis en scène quelques-uns de
ces religieux ; ils voulaient y être tous. — « Mais que voulez-vous que
je fasse de ces trente-six sacs à charbon ? » avait dit Jouvenet dans le
procès qu'il dut soutenir pour le refus de ces quatre tableaux. Il perdit
néanmoins sa cause. Louis XIV, meilleur juge, les acheta, les fit
traduire en tapisseries des Gobelins. Pierre le Grand en 1717, le roi
de Prusse en 1736, reçurent en don royal ces précieuses copies, et
Jouvenet, chef d'école et membre de l'Académie de peinture, continua
ses œuvres magistrales. La *Résurrection du fils de la veuve de Naïm*
est du nombre ; continuons son étude.

Les personnages nous sont bien connus ; Jouvenet ne va pas loin
pour trouver la plupart de ses modèles, les plus jeunes surtout : il les
a autour de lui, c'est dans sa famille qu'il a les types les plus intéres-
sants. Sa sœur Élisabeth ne l'a point quitté, elle s'est comme associée

---

(1) Ces religieux avaient été établis à Versailles en 1671 par Louis XIV en
qualité d'aumôniers des camps et armées de Sa Majesté. Ce monarque daigna
lui-même poser la première pierre de leur couvent, qui fut bâti sur les plans de
J.-H. Mansard.

à sa vie de peintre ; sa fille aînée Marie-Anne, née le 30 octobre 1674 ; Françoise et Catherine, deux jumelles nées le 29 octobre 1677 ; quatorze enfants que l'on voit grandir et que l'on reconnaît dans les œuvres successives, donnent aux œuvres du maître un charme particulier ; nous le trouvons ici.

Le Fils de Dieu est vêtu d'une longue robe rougeâtre ; il est drapé dans un manteau bleu ; sa tête est vue de profil, ses longs cheveux, sa barbe blonde donnent à la figure une grande douceur qui n'exclut pas l'autorité.

Quatre marches conduisent au caveau où doit être déposé le mort ; le Christ est debout au haut des degrés ; il montre le ciel, touche le brancard, le convoi s'arrête. — « Jeune homme, levez-vous, je vous le commande » ; et toute la scène se développe alors. Le mort rejette le linceul qui le couvre, se tourne vers le Seigneur, et, encore couché sur son lit funèbre, lève les deux bras au ciel.

Sa mère, qui l'a vu, reporte promptement ses regards vers Jésus ; son coup d'œil est pénétré de reconnaissance, d'admiration et de joie. Elle reste à genoux. Elle n'a point ses habits de deuil ; son manteau bleu brodé d'or, les manches blanches de la tunique, celles du corsage retenues par ses bracelets tranchent sur la robe violacée ; son costume est riche, mais on voit qu'elle a pleuré longtemps.

Quel contraste sur cette figure, qui conserve l'empreinte de la douleur, quand elle a entendu Jésus commander à la mort et qu'elle a vu la mort obéir !

Les spectateurs sont nombreux : hommes, femmes, enfants joignent leur admiration à celle des disciples ; le joueur de flûte, dont nous retrouvons les traits dans toutes les compositions de Jouvenet, laisse muet son instrument et se glisse pour voir de plus près. S'il y a quelques figures impassibles, nous les voyons dans ceux des personnages qui tous les jours sont mêlés à ces cérémonies funèbres ; tels sont ces fossoyeurs nerveux, à demi-nus, qui achèvent de creuser une fosse, et ce porteur qui repousse la jeune fille qui l'empêche d'avancer ; c'est que la jeune enfant est toute au miracle, et bien qu'elle ne soit aperçue que de dos, on comprend dans son attitude tout son étonnement.

La scène est dominée par une terrasse où de nombreux spectateurs lèvent les bras, s'agitent de toutes manières. C'est qu'ils n'ont rien perdu de ce qui se passe au-dessous d'eux. A la porte de Naïm, la foule qui s'avance est grande encore.

Quelle que puisse être notre admiration, n'allons pas croire que nous avons sous les yeux le plus grand chef-d'œuvre du maître. Jouvenet en a donné beaucoup déjà, et nous avons cité la série des quatre tableaux de 1702 ; il continuera quelques années encore, donnera aux Jésuites de Pontoise la *Descente de Croix* que nous voyons à l'église Saint-Maclou de cette ville ; et quand il devient paralysé du bras droit, en 713, il reprend ses pinceaux de la main gauche, exécute pour le couvert de la Visitation son admirable *Magnificat*, qu'il a le bonheur et la gloire de signer : *Deficiente dextrâ sinistrâ pinxit Jouvenet;* ce qu'il fit depuis jusqu'à sa mort (1717). Il était né à Rouen le 21 août 1647.

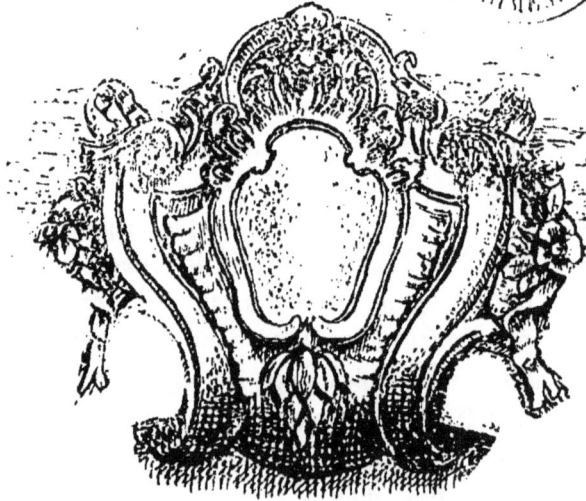

CHAPITRE VIII

CHAPELLE DES CATÉCHISMES

Nous avons déjà parlé de la Chapelle de la Providence, longtemps appelée *les Charniers,* et dont la destination à peu près exclusive aujourd'hui est la réunion des Catéchismes.

Elle se compose d'une salle centrale, dont le dôme est formé de caissons surmontés d'un *oculus* qui lui donne le jour nécessaire. Quatre médaillons en pierre en décorent les murs; deux autres médaillons sont appliqués à l'extrémité des salles qui, à droite et à gauche, accompagnent l'édifice central où se trouvait l'autel.

Les médaillons, qui représentent des apôtres, des papes, tous ayant le nimbe, doivent être l'œuvre de Pajou Augustin (1), sculpteur, membre de l'Académie royale. Nous avons vu que Pajou travaillait à Saint-Louis de Versailles quand il fut pris pour arbitre au sujet du prix des bénitiers (1780).

---

(1) Pajou Augustin naquit à Paris en 1730. Un attrait irrésistible pour les arts lui fit quitter bien jeune l'atelier de menuiserie de son père au faubourg Saint-Antoine; à 18 ans, il remportait le premier grand prix de sculpture; ses succès étaient donc précoces et brillants. Il a rempli de son nom toute la fin du xviii⁰ siècle, mais il n'a plus aujourd'hui la haute notoriété dont il jouissait parmi ses contemporains. Ses ouvrages furent nombreux, nous en avons eu une grande part; mais son œuvre la plus remarquable serait la reconstruction, sous forme de monument isolé, de la Fontaine des Innocents à Paris; il dut ajouter trois figures aux cinq merveilleuses Naïades de Jean Goujon, et nous disons à la gloire de Pajou qu'on peut les comparer aisément à celles du grand sculpteur, tant au point de vue du caractère qu'à celui du mérite intrinsèque des formes et du modèle.

Pajou mourut à Paris en 1809, dans la tristesse, malgré tous ses succès, et accablé d'infirmités.

Paroi de gauche :

Sacrifice d'Isaac, toile. H. 1ᵐ. L. 0ᵐ70.
(Ecole française, vers 1750).

Isaac est agenouillé sur le bûcher, à droite. Un ange dans le ciel
retient le bias levé d'Abraham tenant le couteau pour frapper la
victime. Le patriarche porte une robe blanche et un manteau rouge.

Paroi de droite :

La Vierge au Palmier, toile de forme ronde. Diam. 0ᵐ90.
(Ecole française, 1750.)

La Vierge, en robe rouge et en manteau bleu, est assise sur la
margelle d'un puits. Elle tient sur ses genoux l'Enfant divin presque
nu, qui se penche vers saint Joseph. Celui-ci met un genou en terre,
il tient un bâton à la main et est habillé d'un manteau jaune sur sa
robe bleue.

Ce tableau est la copie d'un tableau de Raphael.

Agar dans le désert, toile. H. 1ᵐ. L. 1ᵐ70.
(Ecole française, vers 1750.)

Agar est assise près d'un rocher ; elle appuie sa tête sur la main
gauche. Un ange lui indique quelque chose, une source probable-
ment, elle en suit la direction ; Ismaël, en robe bleue, est à ses pieds,
il semble dormir. Ce tableau fait pendant au *Sacrifice d'Abraham* et
paraît être de la même main.

Au-dessus du maître autel :

La Vierge et l'Enfant Jésus, toile. H. 1ᵐ20. L. 1ᵐ.
(Ecole de Mignard Pierre.)

La Vierge, vue à mi-corps, est de profil à gauche ; elle soutient l'Enfant Jésus, nu, sur un coussin. Une draperie bleue fait le fond du tableau ; devant lui, sur une table, sont des fruits.

Ces derniers renseignements sont *quelquefois* empruntés à l'*Inventaire des Richesses d'art*, nous ne pouvions mieux choisir nos documents.

Versailles, 1ᵉʳ mai 1897.

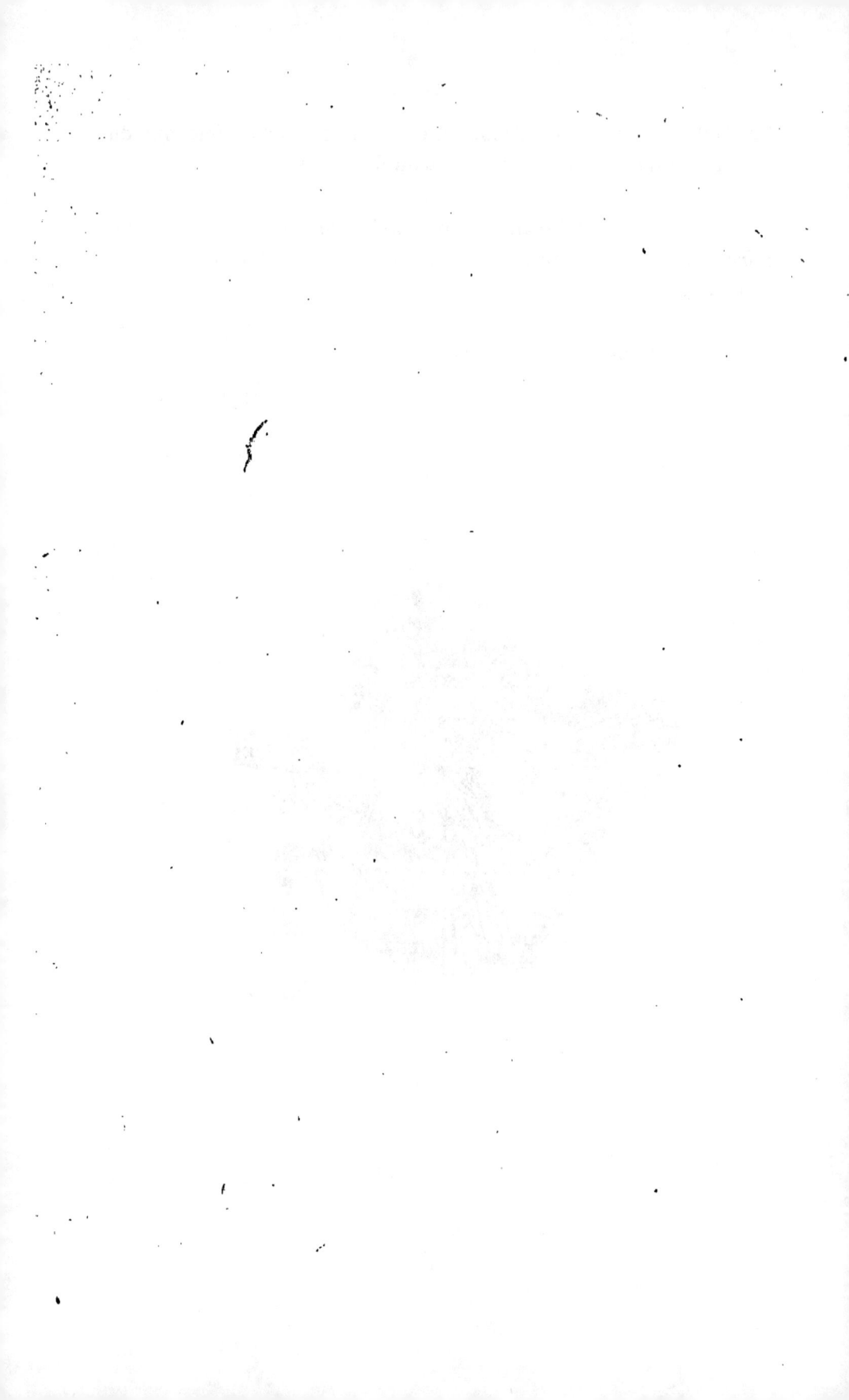

TABLE DES MATIÈRES

PREMIÈRE PARTIE. — NOTICE HISTORIQUE.

DEUXIÈME PARTIE. — LA CATHÉDRALE.

VERSAILLES. — HENRY LEBON, IMPRIMEUR-ÉDITEUR DE L'ÉVÊCHÉ, 17, RUE DU POTAGER.

VERSAILLES

HENRY LEBON, IMPRIMEUR-ÉDITEUR DE L'ÉVÊCHÉ

17, RUE DU POTAGER, 17

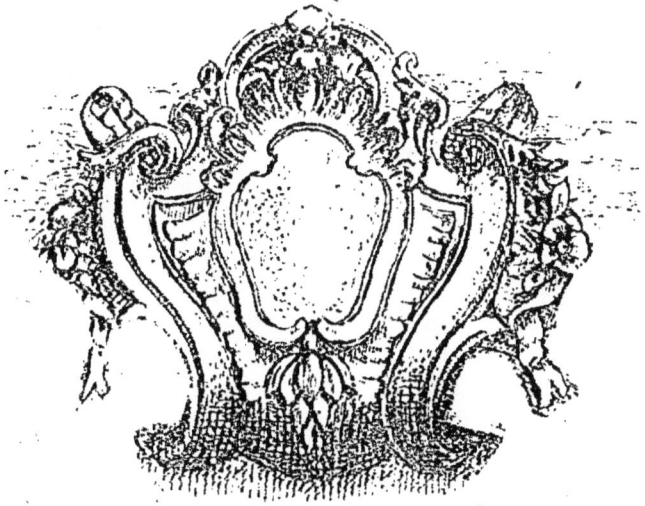